Die Physiker

Friedrich Dürrenmatt

- Erschließung

- Hintergrundwissen

- Schreibanlässe

Günther Gutknecht
Günter Krapp

Schülerarbeitsheft

Krapp & Gutknecht

Inhaltsverzeichnis

Kein Fall für Inspektor Voß

Im Sanatorium ›Les Cerisiers‹

Hier geschehen ungewöhnliche Dinge ...

Ich bin Newton, Sir Isaac Newton. Ich bin Physiker und Präsident der Royal Society.

Der Ort

Das ist die etwas heruntergekommene Villa des berühmten Sanatoriums ›Les Cerisiers‹. Im Salon dieser Villa leben drei Physiker. Sie sind hier mehr oder weniger unter sich, denn die meisten Patienten sind inzwischen in den Neubau umgezogen, der hier nicht zu sehen ist.

Die Personen

Nun weiß jeder, dass der Physiker und Mathematiker Isaac Newton und auch Albert Einstein nicht mehr leben – und sie lebten schon gar nicht zur gleichen Zeit! Also entweder ist das eine sehr verrückte Geschichte oder es stimmt etwas nicht.

Diese beiden Personen sind ebenfalls wichtig. Die eine genießt Weltruf, der andere ist um den Ruf ihres „Metiers" bemüht.

➲ Aufgabe

Leseauftrag

Lies den ersten Akt bis Seite 29 als Inspektor Voß sich verabschiedet.

AB 1

Voß beim Staatsanwalt nach seinem Besuch in ›Les Cerisiers‹

➲ Aufgabe 1

Partneraufgabe

Voß erscheint beim Staatsanwalt zum Rapport. Verteilt die Rollen und führt den Dialog zwischen dem Staatsanwalt und Inspektor Voß weiter. Beachtet, dass dem Staatsanwalt einleuchten muss, warum Voß den Mörder nicht überführen konnte.

Staatsanwalt

Herr Voß, ich höre wohl nicht richtig. Sie sagen, Sie kennen den Mörder und Sie haben nichts unternommen?!

Voß

Nun, Herr Staatsanwalt, dieser Fall erwies sich als schwierig und seltsam …

Was macht ein Staatsanwalt?

Ein Staatsanwalt

- leitet die Ermittlungen bei einem Verbrechen.
- beantragt einen Haftbefehl beim Richter.
- erstellt eine Anklageschrift bei einem Prozess.
- ist der Vertreter der Anklage bei einem Prozess.
- fordert und begründet das Strafmaß, wenn er für ‚schuldig' plädiert.

➲ Aufgabe 2

Eine kreative Schreibaufgabe

Schreibe den Polizeibericht und beachte dabei, dass die Sachverhalte und Aussagen der Befragten objektiv und richtig dargestellt werden müssen.

Der Bericht für den Staatsanwalt

Inspektor Voß wird am Ende des Gesprächs vom Staatsanwalt aufgefordert, einen schriftlichen Bericht über die Vorgänge im Sanatorium anzufertigen. Darin hält der Inspektor den Fall sachlich und knapp fest.

Er erklärt welche Personen wie beteiligt sind (Täter und Opfer) und welche Aussagen getroffen wurden. Der Inspektor darf als Ermittler auch Anmerkungen über mögliche Motive und Umstände einfließen lassen.

➲ Aufgabe 3

Partneraufgabe

Schreibt einen kommentierenden Bericht aus Sicht der lokalen Presse zu den ganzen Vorgängen in ›Les Cerisiers‹.
Hilfe zu dieser Aufgabe findet ihr auf Seite 56 in diesem Heft.

Die Presse – Ein alternativer Bericht zum Polizeibericht des Inspektors

Die **lokale Presse** sieht die Sache ganz anders: Der ‚Mörder' wird nicht zur Rechenschaft gezogen, auch wenn er zumindest nicht frei herumläuft. Die Presse bezieht in ihrem Bericht auch mit ein, dass dies nun schon der zweite Fall unter gleichartigen Umständen ist.

Wahlaufgabe Ein Team aus der Klasse gestaltet seinen Bericht als Zeitungsausschnitt und beginnt damit eine Wandzeitung im Klassenzimmer. In Folge könnte eine ganze Reihe solcher Beiträge an der Wandzeitung gesammelt werden. So könnt ihr Wichtiges später immer wieder nachlesen.

Voß' Notizbuch

AB 2

Der Fall >Les Cerisiers<

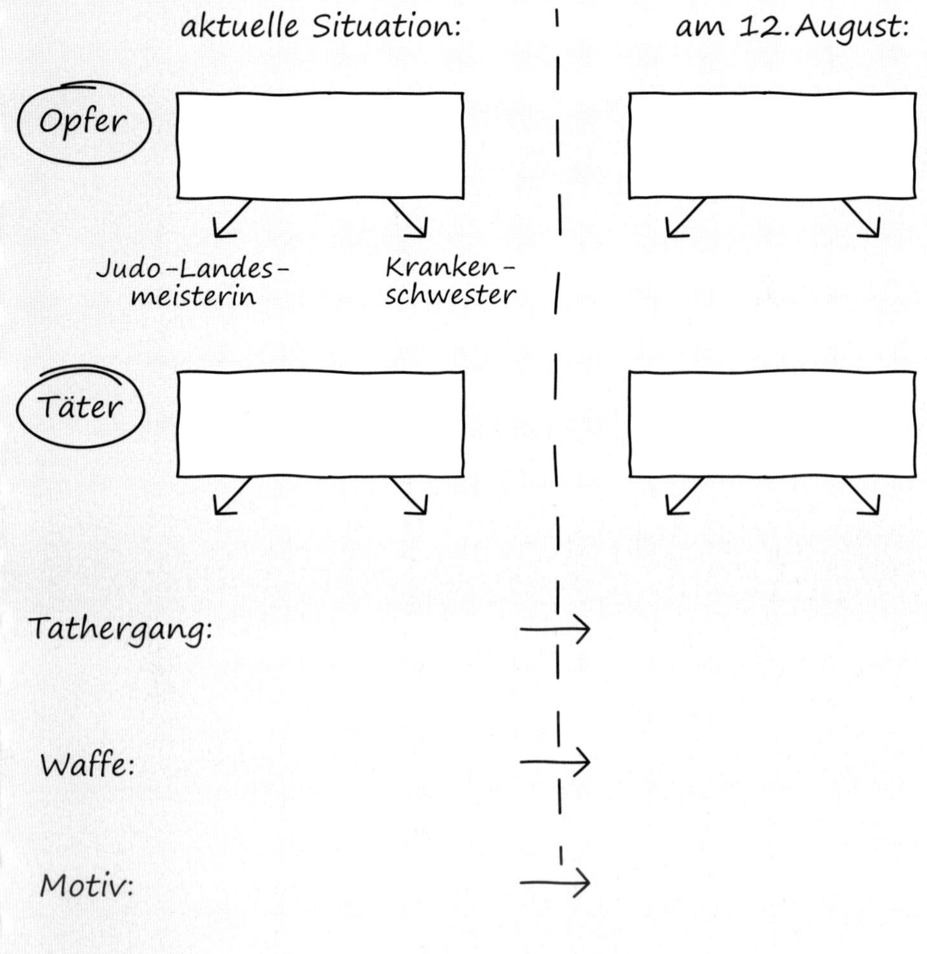

neue Erkenntnisse:

Kommentar:

➲ **Aufgabe 1**

Eine kreative Schreibaufgabe

Auf dieser Seite findest du unvollständige Aufzeichnungen aus Voß' Notizbuch. Vervollständige die Übersicht. Sie wird dir helfen, weitere Aufgaben zu lösen. Eine gut leserliche und vollständige Übersicht kann auch als Kopie an der Wandzeitung angebracht werden.

➲ **Aufgabe 2**

Voß hat sich auch Notizen zur Leiterin Frl. Doktor Mathilde v. Zahnd gemacht. Was könnte er sich über sie notiert haben?

AB 3

Mordserie in ›Les Cerisiers‹

➲ Aufgabe

 Leseauftrag

Lies bis Seite 61 als Inspektor Voß abgeht. Mache dir währenddessen Notizen auf dieser Seite – wie es auch Inspektor Voß in seinem Notizbuch macht.

Notiere dir zu den Überschriften:

- Verhalten der Figuren
- Aussagen
- Auffallendes
- ‚Verrücktes'
- ...

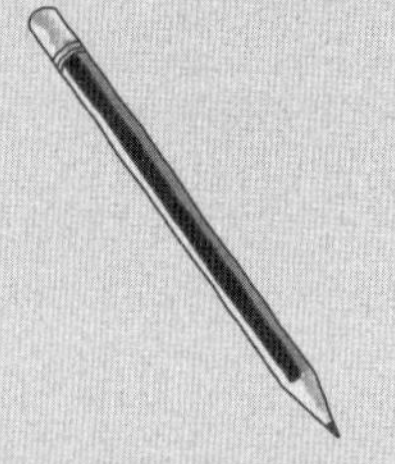

Familie Rose nimmt Abschied.

Möbius und Schwester Monika lieben sich.

Möbius bittet Voß, ihn zu verhaften. (S. 60)

PORTRÄT Familie Rose

Familie Rose

Frau Rose
- ist die geschiedene Frau Möbius.
- ermöglichte Möbius Abitur und Studium.
- kann die Kosten für Möbius nicht mehr aufbringen.

Die Kinder
- Adolf-Friedrich (16) will Pfarrer werden; Wilfried-Kaspar (15) will Philosophie studieren; Jörg Lukas (14) will Physiker werden.
- tragen Matrosenanzüge und spielen Blockflöte.
- führen ein offensichtlich unerwünschtes Spiel.

Missionar Rose
- war Pfarrer und ist ein „leidenschaftlicher Vater".
- kennt die Psalmen Salomos
- hält Wunder für möglich – aber nicht bei Geisteskranken.

wandern nach den Marianen aus.

Was hältst du denn von der ganzen Sache, jetzt einmal objektiv betrachtet?

Schwierig zu sagen. War er, als er gesund war, auch so aggressiv?

Was fehlt unserem Vater eigentlich?

Information

Um einen Überblick über die Familie Rose zu bekommen, kannst du dir nebenstehende Übersicht genau ansehen.

➲ Aufgabe

Gruppenaufgabe

Die Familie Rose sitzt im Zug nach Bremen. Herr und Frau Rose sprechen über die Begegnung mit Möbius in ›Les Cerisiers‹. In dieses Gespräch mischen sich auch die Kinder mit persönlichen Eindrücken oder Fragen zu ihrem Vater ein. Verteilt die Rollen und spielt die Szene nach. Ändert dabei Folgendes:
Lasst alle Übertreibungen der Kinder weg und versucht, die Fragen sachlich zu formulieren.

➲ **Aufgabe**

 Leseauftrag

Lies diese Informationsseite aufmerksam durch.

Info 1 Psychosen

Solche wüsten Urteile über Psychotiker halten sich leider auch heute noch hartnäckig in vielen Köpfen.

Was sind Psychosen?

Unter ‚Psychose' versteht man jede Art von (meist vorübergehender) seelischer Störung, bei welcher eine erhebliche Beeinträchtigung von Wahrnehmung und Auffassung der erlebten Wirklichkeit besteht.

Psychosen werden in zwei Gruppen unterteilt

NICHT-ORGANISCH (= endogen oder primär)
Eine körperliche Ursache ist nicht bekannt. Ausgelöst wird sie meist duch ein Zusammenspiel mehrerer Faktoren. (→ Schizophrenie, bipolare Störung)

ORGANISCH (= körperlich oder sekundär)
Eine körperliche Ursache ist nachgewiesen. Ausgelöst wird sie zum Beispiel durch Gehirntumore, Schädel-Hirn-Trauma, Autoimmunerkrankungen, aber auch durch Nebenwirkungen von Medikamenten oder in Folge von Drogenkonsum.

Überlege:
Welche der beiden Formen von Psychosen ist den drei Physikern zuzurechnen?

☐ nicht-organisch
☐ organisch

Die wichtigsten Merkmale von Psychosen

- Halluzinationen
- Wahnvorstellungen
- Hören von Stimmen
- Gefühl, gesteuert zu sein
- starke Angstzustände
- Antriebgslosigkeit

Psychosen dürfen nicht mit *seelischer Zerrüttung* verwechselt werden. Eine Depression, bei der auch Antriebslosigkeit und Angstzustände auftreten, ist keine Psychose.

➲ **Aufgabe**

 Innerer Monolog

Wähle eines der folgenden ‚Gedankenspiele' und schreibe dazu einen inneren Monolog.

Informationen zum inneren Monolog findest du auf S. 49 f. in diesem Heft.

Das Foto auf der nächsten Seite zeigt Einstein und Schwester Monika. Auf dem Bild sehen wir ihn, wie er Monika Stettler davon zu überzeugen versucht, zu fliehen. Er erzählt dabei von seiner Geliebten, Schwester Irene Straub.

➲ **Warum hört Schwester Monika nicht auf ihn? Was geht in ihr vor?**

➲ **Nach ihrem Tod spielt Einstein auf seiner Geige „Schön Rosmarin“. Welche Gedanken hat er bei seinem Spiel? (Er hat wohl gehört, was passiert ist.)**

PORTRÄT Johann Wilhelm Möbius

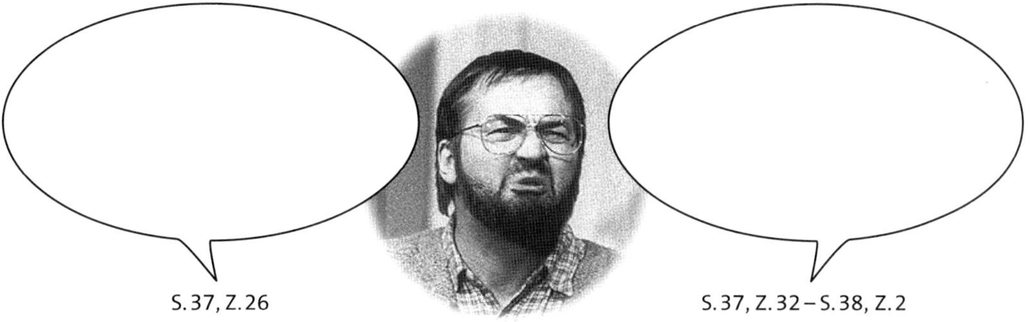

S. 37, Z. 26

S. 37, Z. 32 – S. 38, Z. 2

Familie

Biografie

Möbius und Schwester Monika

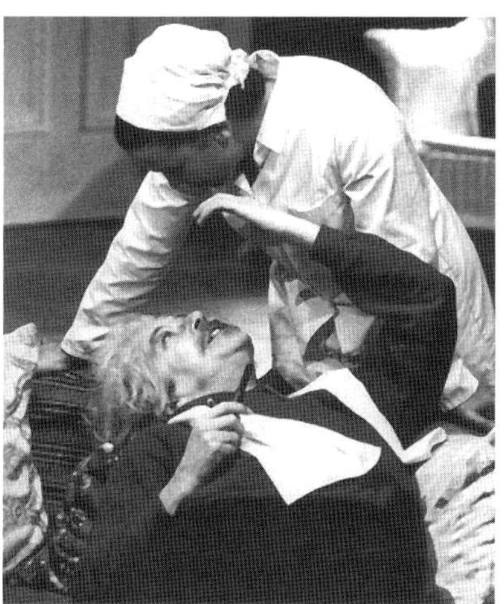

Schwester Monika, S. 43, Z. 26:

____

Schwester Monika, S. 49, Z. 4:

____

Möbius, S. 50, Z. 9–10:

____

____

____

AB 4

➲ Aufgabe 1

Fülle das Schaubild über Johann Wilhelm Möbius.

Trage die Aussagen von Möbius in die Sprechblasen ein.

Notiere dir stichwortartig, was du über Möbius erfahren hast.

➲ Aufgabe 2

Mache dir Notizen zu folgenden Fragen: Warum glaubt Schwester Monika an den König Salomo? Wie reagiert Möbius auf ihre Zukunftspläne? Gibt es für Möbius' Reaktion einen erkennbaren Grund?

➲ Aufgabe 3

Trage die jeweiligen Aussagen in die Schreiblinien ein und überlege dir die Beweggründe für die jeweiligen Aussagen.

AB 5

Das Morden geht weiter

➲ **Aufgabe 1**

Mache dir stichpunktartig Notizen zu den Fragen im Schaubild.

 Fragen

1. Ist das das Werk des weisen Königs Salomo?
2. Warum weint Möbius, bevor er die Tat ausführt?
3. Warum vertraut Monika Stettler Möbius blind?
4. Warum ist die Anstaltsleiterin auf einmal so fertig?
5. Warum will Möbius sich verhaften lassen?
6. Warum will Voß von alledem nichts wissen?

1. ____________________
2. ____________________
3. ____________________
4. ____________________
5. ____________________
6. ____________________

 Leseauftrag

Lies noch einmal S. 59, Z. 21–24 und betrachte nebenstehendes Bild

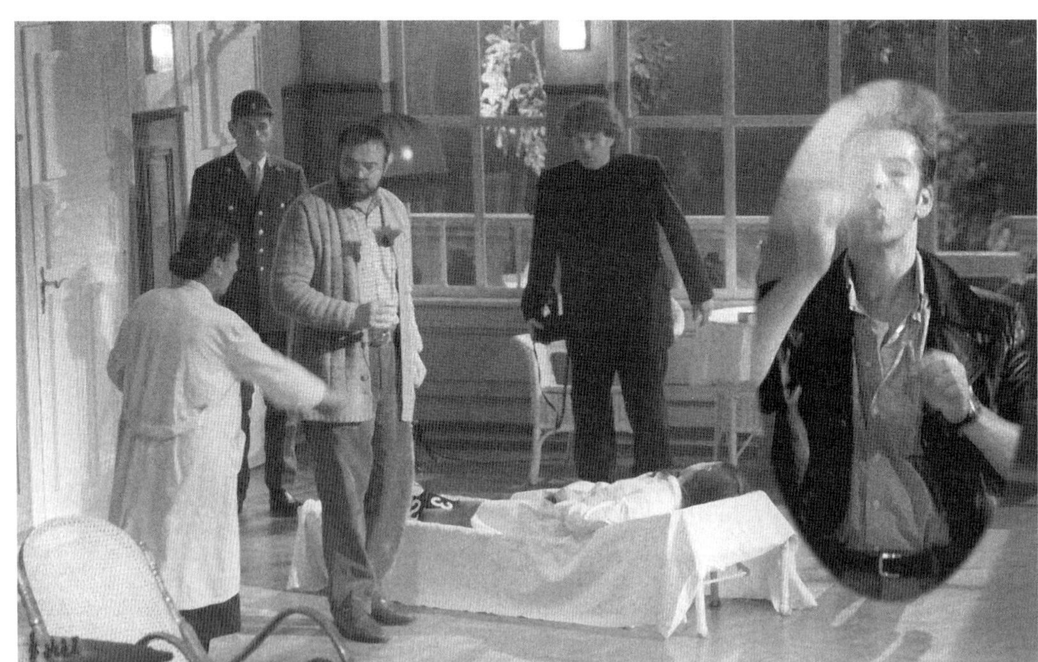

➲ **Aufgabe 2**

 Eine kreative Schreibaufgabe

Wähle eine der beiden Berichtformen und schreibe diesen Bericht. Mache dir vorab klar, wer in deinem Bericht die Verantwortung für die Morde übernimmt und warum.

Der Abschlussbericht des Inspektor Voß

Am Ende muss **Inspektor Voß** einen Abschlussbericht für die Akte ‚Les Cerisiers' verfassen.

Bericht in der lokalen Presse

Die lokale Presse berichtet über die weiteren Ereignisse (hier kannst du die Frage der Verantwortung auch schon in der Schlagzeile sichtbar machen). Der verfassende Journalist kommentiert dabei auch die Schließung der Akten seitens der Staatsanwaltschaft.

PORTRÄT König Salomo

König Salomo (ca. 972–932 v. Chr.) verkörpert den Höhepunkt und den Beginn des Niedergangs des Königreichs Israel im Alten Testament. Er, der zu seinen Lebzeiten keine Kriege zu führen brauchte, aber mit brutaler Gewalt seine Herrschaft antrat und sicherte, brachte es mit politischem Geschick zu unendlichem Reichtum, indem er den Handel zwischen Asien und Afrika sowie den Gewürzhandel Arabiens beherrschte. Er galt politisch als klug und diplomatisch, seine Weisheit war bis weit über die Landesgrenzen berühmt, um sie ranken sich viele Legenden. Berühmt wurde König Salomo auch durch den Bau des Tempels, an dem sieben Jahre gearbeitet worden sein soll. Sein Heiligtum beherbergte die Bundeslade, das Symbol für den Bund mit Jahwe und Aufbewahrungsort der mosaischen Gesetzestafeln.

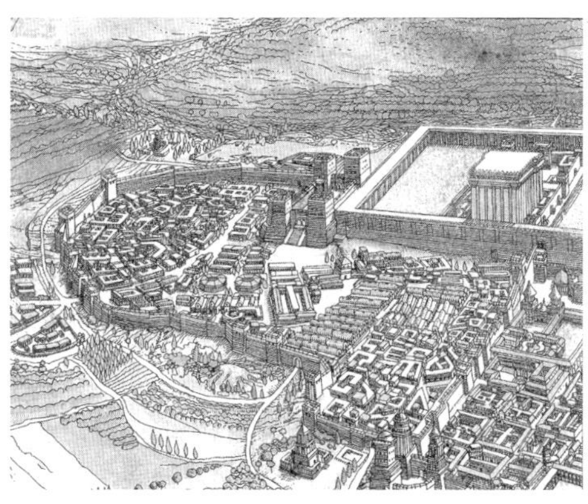

Salomos Bauvorhaben, die Befestigung des Landes, die Bewässerung von Wüstengebieten sowie sein üppiger Lebensstil mit einem Harem von 700 Frauen und 300 Nebenfrauen verschlangen riesige Summen. Er führte ein Steuersystem ein, bei dem jeder der 12 Stämme Israels einen Monat lang die Kosten des Haushalts aufbringen musste. Noch zu Salomos Zeiten begann der Zerfall des blühenden Reiches. Er verlor die Herrschaft über Teile südlich des Euphrats, Damaskus verfeindete sich. Nach seinem Tod brach das Reich auseinander.

 Das salomonische Urteil

Damals kamen zwei Dirnen zum König und traten vor ihn hin. Das eine Weib sagte: „Mit Verlaub, mein Herr! Ich und das Weib bewohnen ein und dasselbe Haus, und ich gebar in ihrem Beisein in dem Hause. Drei Tage nach meiner Niederkunft war es, da gebar auch dieses Weib. Wir waren beisammen, kein Fremder war bei uns im Hause. Da starb in der Nacht der Sohn dieses Weibes, denn sie war auf ihn zu liegen gekommen. Sie aber stand mitten in der Nacht auf, nahm, während meine Magd schlief, meinen Sohn von meiner Seite weg und legte ihn an ihre Brust. Ihren toten Sohn aber legte sie an meine Brust. Als ich nun aufstand, um meinen Sohn zu stillen, siehe, da war er tot! Als ich ihn aber bei Anbruch des Tages genau betrachtete, siehe, da war er gar nicht mein Sohn, den ich geboren hatte." Das andere Weib aber erklärte: „Nein, mein Sohn ist der lebende, deiner ist der tote." So stritten sie vor dem König hin und her. Da sprach der König: „Diese behauptet: Dieser ist mein Sohn, nämlich der lebende, und dein Sohn ist der tote. Jene dagegen erklärte: Nein, dein Sohn ist der tote, meiner aber der lebende." Darauf befahl der König: „Holt mir ein Schwert herbei!" Man brachte das Schwert vor den König. Nun sprach der König: „Teilt das lebende Kind in zwei Hälften, und gebt der einen die Hälfte und der anderen die Hälfte." Da sagte das Weib, dem das lebende Kind gehörte – denn in ihr loderte die Liebe zu ihrem Sohn mächtig auf –, zum König: „Mit Verlaub, mein Herr, gebt ihr das Kind und tötet es nicht!" Die andere dagegen rief: „Es soll weder mein noch dein sein, zerteile es!" Da nahm der König das Wort und sagte: „Gebt jener das Kind und tötet es nicht! Sie ist seine Mutter!" Und ganz Israel hörte von dem Urteil, das der König gefällt hatte, und bekam Ehrfurcht vor dem König, denn man sah, dass göttliche Weisheit in ihm war, um Recht zu sprechen. – 1. Könige 2, 16–28

Die Rekonstruktion links zeigt Jerusalem, wie es vor 2000 Jahren ausgesehen haben mag. Der Tempel des Herodes oben rechts wurde an der Stelle des zerstörten Salomo-Tempels erbaut. Auf dem Bild unten sieht man den Tempelberg mit dem Felsendom, so wie er heute aussieht. Die große rechteckige Plattform war vor 3000 Jahren wesentlich kleiner.

Das Zentrum der Stadt war zu Salomos Zeiten die Palastanlage mit Tempel. Dafür ließ Salomo den Berg Morja nördlich der Stadt Davids, seines Vaters, für den Bau erschließen.

stilisiert dargestellte Gesetzestafeln

siebenarmiger Leuchter, Symbol für das Judentum

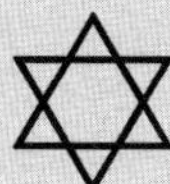

Stern Davids, auf ihn begründen sich Macht und Größe Israels im AT.

AB 6

Psalm Salomos, den Weltraumfahrern zu singen (S. 41 f.)

➲ Aufgabe 1

Suche der Reihe nach im Text alle Orte, an welche die Weltraumfahrer fahren. Wie ergeht es ihnen jeweils, was tun sie? Rechts außen trägst du ein, was sie für Zustände vorfinden.

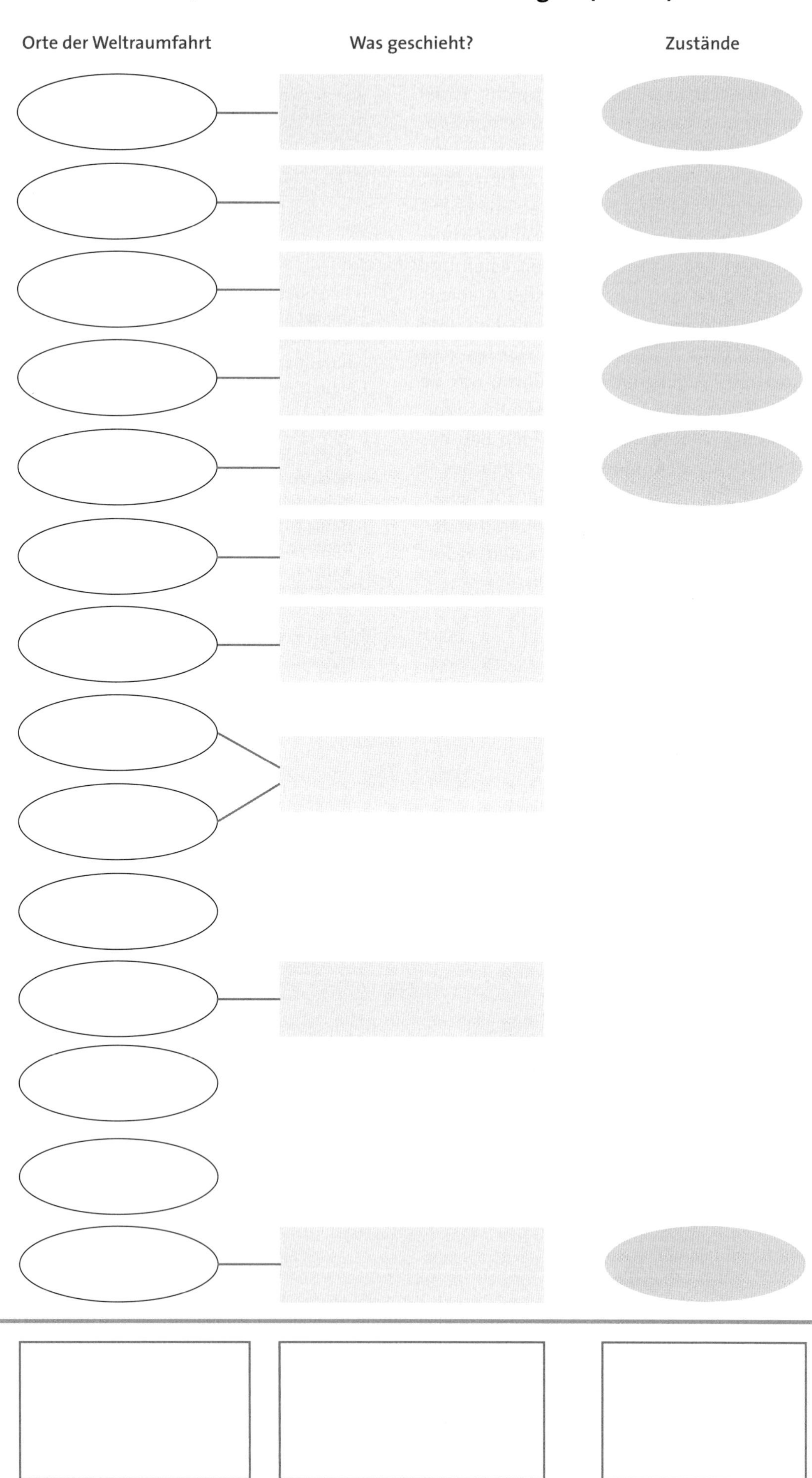

➲ Aufgabe 2

Suche am Ende Oberbegriffe oder zusammenfassende Aussagen zu den drei Spalten.

Mit etwas Fantasie kannst du mit dem Ergebnis von Aufgabe 2 eine Aussage machen: „Die Weltraumfahrer (Astronauten) fahren ... dabei ... Am Ende...“ So könnte man den Sinn des Psalmes zusammenfassen.

AB 7

➲ Aufgabe 3

Formuliere auf dem nebenstehenden Textfeld das Ergebnis.
Noch einmal:
Das Ergebnis enthält eine Aussage zur Fahrt, wie es den Weltraumfahrern ergeht und was diese Fahrt bringt.

Es ergeben sich aber eine Reihe von Fragen, die du aus dem Text heraus kaum beantworten kannst. Formuliere solche Fragen.

Wenn du keine Fragen mehr hast, frage zu den Weltraumfahrern, zu ihrem Verhalten, zu dem, was geschieht.

Ergebnis:
– links ins Textfeld eintragen –

?

?

Es ist klar, was geschieht, es bleibt aber unklar …

AB 8a

Finde passende (kurze) Textstellen und trage sie in die freien Felder ein.

Inspektor Voß

Voß und Newton

Frl. Doktor

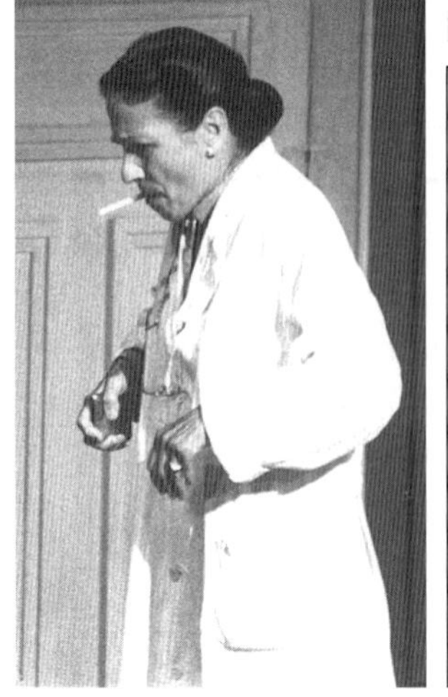

AB 8b

Herr und Frau Rose (links), Möbius (rechts)

Frl. Doktor und die drei Buben

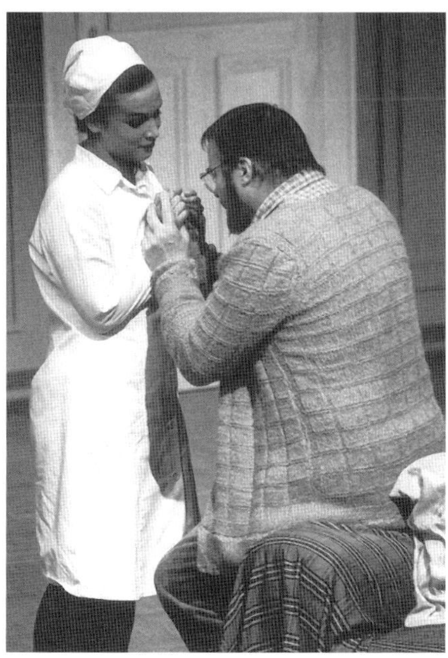

➲ Aufgabe

Eine kreative Schreibaufgabe

Wahlaufgabe: Schreibe zu diesem Bild von Voß einen inneren Monolog, der über das hinausgeht, was er über die Gerechtigkeit, die Ferien macht, auf S. 60 f. sagt. Hilfe zum inneren Monolog findest du auf Seite 49 in diesem Heft.

Schwester Monika und Möbius (links), Inspektor Voß (rechts)

AB 9

Voß legt den Fall zu den Akten

Wenden wir uns noch einmal Inspektor Voß zu. Bei seinen Ermittlungen zum dritten Mordfall hat sich einiges ‚verdreht'. Das erkennt man ohne große kriminalistische Beobachtungsgabe.

➲ Aufgabe 1

Stelle alle ‚Verdrehungen' der ersten Voß-Szene der zweiten gegenüber.

➲ Aufgabe 2

Ergänze weitere verkehrte und verdrehte Aussagen und Handlungen.

Du erhältst so eine Gesamtaufstellung der ‚verkehrten Welt' von ›Les Cerisiers‹. Der Autor unseres Falles, Friedrich Dürrenmatt, bezeichnet eine solche Welt als *paradox*.

1. Voß-Szene (bis Seite 29)	**2. Voß-Szene** (bis Seite 61)

↘ ↙

‚Verdrehte' Aussagen, ‚verdrehte' Handlungen und Figuren bisher:
Beispiel: *„Sie sind hier der Kriminelle, Richard."* (S. 23)

↓

Paradoxe Welt

Vorbereitung – drei Denkanstöße

AB 10

1. Fall

Deine Eltern gehen abends aus und tragen dir auf, deinen dreijährigen Bruder ins Bett zu bringen und für ihn da zu sein, wenn es Probleme gibt.
Um acht Uhr stehen deine Freunde vor der Tür. Sie wollen dich ins Kino mitnehmen.

Wie entscheidest du dich?
a) Du bringst deinen Bruder schnell zu Bett, befiehlst ihm, artig zu sein und gehst mit.
b) Du gehst nicht mit.

Notiere dir bei jeder Entscheidung:
- Was habe ich davon?
- Welche Folgen könnte meine Entscheidung haben?
- Wem gegenüber bin ich verantwortlich und warum?

2. Fall

Du musst für eine Mathematik-Klassenarbeit lernen. Deine Freunde kommen vorbei und wollen dich mit ins Schwimmbad nehmen.

Wie entscheidest du dich?
a) Du packst deine Sachen zusammen und gehst mit.
b) Du gehst nicht mit.

Notiere dir bei jeder Entscheidung:
- Was habe ich davon?
- Welche Folgen hat meine Entscheidung?
- Wem gegenüber bin ich verantwortlich und warum?

3. Fall

Ein Wissenschaftlerteam entwickelt ein Präparat, das allen HIV-Erkrankten sofort und ohne Nebenwirkungen helfen wird. Gleichzeitig erkennt das Team, dass man das Präparat so verändern kann, dass es ‚im Reisegepäck' von Terroristen als unauffällige Vernichtungswaffe für ganze Regionen missbraucht könnte.

Was soll das Team machen?
a) Das Team bringt das Präparat auf den Markt.
b) Das Team lässt die Sache auf sich beruhen.

Notiere dir bei jeder Entscheidung
- den Nutzen
- die Folgen

Gibt es eine Alternative?

Nachdem ihr das Stück zu Ende gelesen habt:

Möbius fällt folgende Entscheidung: Er veröffentlicht seine Arbeiten und Erkenntnisse.
a) Welche Folgen hat das für ihn und seine Familie?
b) Welche Folgen dieser Entscheidung kann er voraussehen, welche nicht?

Siehst du andere Möglichkeiten, wie sich Möbius entscheiden könnte?

➲ Aufgabe

Gruppenaufgabe

Bearbeitet vor dem Weiterlesen die drei folgenden Fälle in Gruppen. Diskutiert eure jeweilige Entscheidung und tragt diese der Klasse vor.

Hinweis

HIV ist das Virus, das zur AIDS-Erkrankung führt.

Leseauftrag

Nun seid ihr für die Fortsetzung des Falles gewappnet. Lest nun bis zum Ende und lasst euch überraschen.

AB 11

➲ Aufgabe 1

Sicher ist das, was die Physiker alles sagen, nicht immer klar und verständlich. Deshalb eine kleine Verständnisaufgabe: In der linken Spalte stehen Originalzitate. Rechts stehen mögliche Vereinfachungen der Zitate. Welche Vereinfachung passt zu welchem Zitat? Welcher Person ordnest du die Zitate zu? Schreibe auf die Linien.

Zur Lösung lies noch einmal auf den Seiten 70 und 74 nach.

„Es geht um die Freiheit unserer Wissenschaft und um nichts weiter. Wir haben Pionierarbeit zu leisten und nichts außerdem. Ob die Menschheit den Weg zu gehen versteht, den wir bahnen, ist ihre Sache, nicht die unsrige."

____

„Mir ist bloß mein Generalstab heilig. Wir liefern der Menschheit gewaltige Machtmittel. Das gibt uns das Recht, Bedingungen zu stellen. Wir müssen entscheiden, zu wessen Gunsten wir unsere Wissenschaft anwenden, und ich habe mich entschieden."

____

„Unsere Wissenschaft ist schrecklich geworden, unsere Forschung gefährlich, unsere Erkenntnisse tödlich. [...] Wir müssen unser Wissen zurücknehmen, und ich habe es zurückgenommen."

____

Was wir herausfinden, gibt denjenigen, die dies ausnutzen können, riesige Macht in die Hände. Deshalb müssen wir entscheiden, wer das Wissen bekommt. Meine Entscheidung dafür ist gefallen.

Wir müssen unsere Erkenntnisse geheimhalten, weil die Technik, die dadurch möglich wird, den Menschen schadet.

Mich interessiert nur die Wissenschaft und ihre Erkenntnisse. Was die Menschen daraus machen, ist nicht meine Sache.

➲ Aufgabe 2

Für wen arbeiten Kilton und Eisler, und wie begründen sie jeweils ihre Morde?

Kilton	
Arbeitet für:	Begründung:

Eisler	
Arbeitet für:	Begründung:

AB 12

Hinweis

Hilfestellungen zum Schreiben eines inneren Monologs und für einen Tagebucheintrag findest du auf Seite 48 ff. in diesem Heft.

Kilton und Eisler treffen eine Entscheidung, die ihr Leben verändert – eine Entscheidung, die Möbius schon vor 15 Jahren getroffen hat.

➲ Aufgabe 1

Eine kreative Schreibaufgabe

Was geht in Kilton und Eisler vor, bevor sie Möbius zustimmen? Wähle eine der beiden Figuren aus und schreibe einen inneren Monolog.

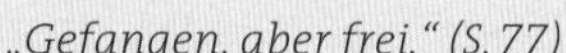
„Gefangen, aber frei." (S. 77)

„Verrückt, aber weise." (S. 77)

„Physiker, aber unschuldig." (S. 77)

➲ Aufgabe 2

Nachdenkaufgabe: Erkläre die Bedeutung der Gegensätze.

Nachdem die drei Physiker sich geeinigt haben, geht Möbius auf sein Zimmer und schreibt in sein Tagebuch. Der Eintrag beginnt so:

Geliebte Monika,
beinahe hätte ich dich umsonst geopfert, beinahe! ...

➲ Aufgabe 3

Eine kreative Schreibaufgabe

Führe diesen Tagebucheintrag zu Ende.

Isaac Newton

* 4. Januar 1643 in Woolsthorpe-by-Colsterworth
† 31. März 1727 in Kensington

Newton war englischer Mathematiker und Physiker. Er gilt als der Begründer der klassischen theoretischen Physik und damit der exakten Naturwissenschaften.
Er war der erste Wissenschaftler, der in England in den Adelsstand erhoben wurde.
Isaac wuchs unter Obhut seiner Großeltern auf. Sein Vater war vor seiner Geburt gestorben, die Mutter weggezogen, als Isaac drei Jahre alt war.

Sir Isaac Newton

Zu Beginn seiner schulischen Laufbahn war Newton einer der schlechteren Schüler. Im Laufe der Jahre entwickelte er sich aufgrund seines Ehrgeizes und seiner großen Neugier, allem auf den Grund gehen zu wollen, zum Klassenbesten. Er galt als grüblerischer Mensch voller Forscherdrang.

- Während der Zeit, in der er bei einer befreundeten Apothekerfamilie lebte, lernte er Rezepturen zusammenzustellen und entwickelte sein großes Interesse an Chemie.
- Früh versuchte er zu erklären, wie Bewegung abläuft, welchen Regelmäßigkeiten und Kräften sie unterliegt. So baute er ein originalgetreues Modell einer Mühle oder er versuchte, während eines Sturms die Windstärke zu messen. Selbst Weitsprungmessungen mit bzw. gegen den Wind unternahm er, die er dann mathematisch berechnen wollte.
- Eine Anekdote erzählt, dass Newton unter einem Apfelbaum ein Apfel auf den Kopf fiel. Überrascht hob er ihn auf und prüfte, von wo der Apfel genau kam. Dann versuchte er herauszufinden, weshalb der Apfel rechtwinklig und mit welcher Geschwindigkeit herunterfiel. So entstand sein Bestreben herauszufinden, wie sich die Gestirne im All bewegen oder weshalb der Mond nicht auf die Erde fällt.

So lebte Newton ausschließlich für seine Forschungen. Alltägliches war ihm nebensächlich, sodass er unter seinen Studenten als abwesend galt. Newton wohnte sogar im College. Eine Familie hat er nie gegründet. Zu seinen Studenten meinte er: „Was wir wissen ist ein Tropfen, was wir nicht wissen ein Ozean."
Newton war sehr religiös. So war er überzeugt, dass seine Studien den Glauben an ein göttliches Wesen stärken würden. Physik war für ihn „Betrachtung Gottes aufgrund der sich vollziehenden Erscheinungen".
Der Naturwissenschaftler beobachtete und beschrieb die Schöpfung. An ein Eingreifen, gar Verändern der Schöpfung hätte Newton nie gedacht.

1669 wurde er Mathematikprofessor. Sein Professor meinte, Newton sei besser als er im Rechnen und empfahl ihn als seinen Nachfolger.
Da ihm die damals üblichen Linsenfernrohre nicht genügten, um die Bewegung der Himmelskörper und die Zusammensetzung des Lichts zu untersuchen, wollte er ein Spiegelfernrohr bauen. Dazu unternahm er Versuche über Metallschmelzen. Die Vollendung der zwei ersten Spiegelfernrohre brachte ihn mit der ‚Royal Society' in Verbindung, in die er schließlich aufgenommen wurde und der er 25 Jahre als Präsident vorstand. Als er auf Galileis Aufzeichnungen stieß, befasste er sich mit der Gravitation und entwickelte die drei ‚Gesetze der Bewegung und das Gesetz der Gravitation'.

1687 veröffentlichte Newton diese Einsichten in seinem wichtigsten Werk, den *Principa Mathematica Philosophiae Naturalis* (Mathematische Prinzipien der Naturlehre).
Darin wies Newton nach, dass alle Körper im Weltraum und auf der Erde unter der Wirkung einer Kraft, der sogenannten Schwerkraft, stehen. Diese Erkenntnisse begründeten Newtons Weltruhm, da sie einen Wendepunkt in der Geschichte der Wissenschaft darstellten.

1704 veröffentlichte er sein zweites, aber nicht so bekanntes Werk, die *Opticks*. Darin beschrieb er die farbliche Zusammensetzung des Lichts.

1705 wurde er als erster Wissenschaftler in den Adelsstand erhoben.

1727 starb Isaac Newton im Alter von 85 Jahren. In Würdigung seines Lebenswerks wurde er in der Westminster Abbey beigesetzt.

Seine **Gravitationslehre** inspirierte viele Generationen von Physikern nach seinem Tod. Seine Entdeckungen und Theorien bildeten über zwei Jahrhunderte hinweg den Grundstock für ein naturwissenschaftliches Weltbild.

Zur Erinnerung an seine großartigen Forschungen wurde die physikalische Einheit der Kraft nach ihm benannt (N = Newton).

Albert Einstein

Seine ‚Allgemeine Relativitätstheorie' bildet die Grundlage für wichtige Forschungsvorhaben weltweit und ist vielleicht die größte theoretisch-wissenschaftliche Leistung eines einzelnen Menschen. Einsteins Verdienst ist die Schaffung der Grundlagen der modernen Physik, auf die noch heute aufgebaut wird.
So wies er theoretisch nach, dass Materie eine atomare Struktur hat. Er entwickelte die Vorstellung, dass Licht aus Energieteilchen besteht (Quantentheorie). Sein letztes Forschungsgebiet, eine einheitliche Feldtheorie zu begründen, gelang ihm nur unvollständig.
Er setzte sich für Völkerverständigung und Frieden ein. In der Entwicklung der Technik und dem Gewinnstreben der Rüstungsindustrie sah Einstein eine Gefährdung des Friedens. Die Regierungen sollten daher durch aktive Mitarbeit der Menschen aufgefordert und unterstützt werden, den Frieden zu sichern.

Da Albert Einstein Jude war und im Nationalsozialismus eine große Gefahr sah, wurde er bei seinen Forschungen behindert und verfolgt. So verließ er 1932, das kommende Unheil wohl ahnend, Deutschland. Über England ging er nach Amerika, wo er an der renommierten Universität von Princeton eine Forschungsstelle antrat.

1939 wandten sich Leo Szilárd und Edward Teller an Einstein, den amerikanischen Präsidenten auf die Gefahr einer A-Bombe aus Deutschland aufmerksam zu machen. In einem gemeinsamen Brief von Physikern und Wissenschaftlern an den damaligen Präsidenten Roosevelt unterschrieb Einstein die Forderung, die Wissenschaftler in den USA bei der Entwicklung der amerikanischen Atombombe zu unterstützen. Er fürchtete, dass Deutschland unter der faschistischen Diktatur vor allen anderen Staaten die Atombombe entwickeln könnte. Die USA sollten daher dem Einsatz der deutschen Atombombe durch ihre Entwicklung zuvorkommen und Hitler-Deutschland abschrecken, diese einzusetzen. Einstein war der Meinung, die USA würden ihre Atombombe nur zur Selbstverteidigung einsetzen.
Nach dem Einsatz der Atombombe gegen Japan im Jahre 1945 bedauerte Einstein seine Unterstützung und beschrieb dies als einen der größten Fehler seines Lebens. Da Forscher dazu angehalten würden, die entwickelten Waffen immer wirksamer zu verbessern, sei es auch deren oberste Priorität, den Missbrauch dieser zu verhindern. Auch der Mitentwickler der amerikanischen Atombombe, Szilárd, hatte seine Mitarbeit bedauert und versucht, in einem weiteren Schreiben zusammen mit Einstein an Präsident Roosevelt 1945 den Einsatz der Bombe zu verhindern. Der amerikanische Präsident starb jedoch, der Brief wurde nie abgeschickt.

1949 hatte die UdSSR ihre erste Atombombe gezündet, die USA arbeiteten bereits an der noch gefährlicheren Wasserstoffbombe, das Wettrüsten im ‚Kalten Krieg' hatte begonnen. Albert Einstein meinte angesichts dieser Entwicklung in einer Fernsehsendung 1950: „Das ursprünglich nur als Vorbeugung gedachte Wettrüsten zwischen den USA und der UdSSR nimmt einen hysterischen Charakter an. Auf beiden Seiten werden die Mittel der Massenvernichtung mit fieberhafter Eile betrieben – hinter der Mauer des Geheimnisses. Die H-Bombe (Wasserstoffbombe) erscheint am Horizont der Öffentlichkeit als wahrscheinlich erreichbares Ziel. [...] Ist sie erfolgreich, so bringt sie die radioaktive Verseuchung der Atmosphäre und damit die Vernichtung alles Lebendigen auf der Erde in den Bereich des technisch Möglichen."

Albert Einstein

* 14. März 1879 in Ulm
† 18. April 1955 in Princeton, USA

Einstein war Mathematiker und Physiker. Er gilt als einer der bedeutendsten Physiker unseres Jahrhunderts.

Einsteins **Gravitationstheorie** und die **Quantentheorie** galten bislang als nicht miteinander vereinbar, weil die Berechnung der Schwerkraft nach den Gesetzen der Quantentheorie zu sinnlosen Ergebnissen führte.

Ein **Atomkern** besteht aus Neutronen und Protonen. Protonen und Neutronen bestehen aus jeweils drei **Quarks**. Sie sind durch den Austausch sogenannter **Gluonen** miteinander verbunden.

Die **Elektronen**, die die Atomkerne umkreisen, sind negativ geladene Teilchen. Sie tauschen sogenannte **Photonen** untereinander aus.

Auf der Suche nach der ‚Weltformel'

Gravitationstheorie		Quantentheorie	
Gravitation Sie ist die anziehende Kraft. Sie wirkt zwischen allen Teilchen, die Masse tragen.	**Elektromagnetismus** Er beschreibt die Kraft zwischen elektrisch geladenen Teilchen.	**Schwache Wechselwirkung** Sie ist für den radioaktiven Zerfall verantwortlich.	**Starke Wechselwirkung** Sie hält die Atomkerne zusammen und wird bei deren Spaltung genutzt.
Newton gilt als Begründer der theoretischen Physik (1687 Gravitationsgesetz). Albert Einstein definiert 1916 mit seiner ‚Allgemeinen Relativitätstheorie' die Gravitation als Folge der Krümmung des Raumes.	James C. Maxwell entdeckt 1864 alle elektrischen und magnetischen Phänomene als Wirkung einer einzigen elektromagnetischen Kraft. Richard Feynman findet 1948 eine Form der Maxwellschen Elektrodynamik, die sich mit der Quantenmechanik vereinbaren lässt. Steven Weinberg findet 1967 Formeln, die den Elektromagnetismus mit der schwachen Wechselwirkung vereinigen.	Enrico Fermi beschreibt 1934 mathematisch die schwache Wechselwirkung.	Murray Gell-Mann Er entdeckt 1964 die Quarks als Bestandteile der Neutronen und Protonen. Damit ist der Weg frei für eine neue Theorie der starken Wechselwirkung.

Stringtheorie und Schleifenquantentheorie

STRINGTHEORIE

Die Stringtheorie beschreibt die Grundbausteine unseres Universums nicht als punktförmige Teilchen, sondern als sogenannte eindimensionale Strings. Diese winzigen Fäden vibrieren in einem Raum mit 10 bis 11 Dimensionen.

SCHLEIFENQUANTENTHEORIE

Die Schleifenquantentheorie ist ebenfalls eine Theorie zur Vereinigung der Quantenphysik mit der allgemeinen Relativitätstheorie. Sie beschreibt den Raum als dynamisches quantenmechanisches Spin-Netzwerk, das durch Diagramme aus Linien und Knoten dargestellt werden kann.

Diese beiden Theorien gelten derzeit als Möglichkeiten für eine ‚Weltformel', die alle vier Kräfte als Erscheinungsform ein und derselben Urkraft beschreibt. Jedoch sind beide höchst umstritten und trotz andauernder Forschung längst nicht alle Unklarheiten beseitigt.

Gruppenaufgaben

AB 13

Denkbar ist, dass die anderen Gruppen diesem Spiel nicht nur zusehen, sondern sich einmischen. Gruppe 2 könnte die Position von Möbius veranschaulichen und stützen, Gruppe 3 die des historischen Einstein.

Gruppe 1

Informiert euch anhand von *info 4* (S. 23 in diesem Heft) über den historischen Einstein. Beachtet besonders alle Informationen, die den Bau der Atombombe betreffen und die Folgerungen, die er später daraus gezogen hat.

➲ **Entwickelt ein Stegreifspiel**

Die drei Physiker wollen sich nach ihrer Einigung (S. 77, *Die Physiker*) zurückziehen, da betritt der historische Einstein die Bühne und verwickelt die drei mit folgenden Worten in eine erneute Diskussion:

„Glaubt ihr, ihr hättet das Problem jetzt gelöst? Das hieße, außer Möbius könnte niemand auf die Weltformel und auf das System aller Erfindungen kommen …"

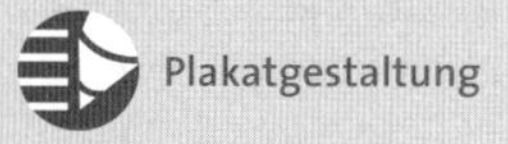

Gruppe 2

„Was die Welt mit den Waffen anrichtet, die sie schon besitzt, wissen wir, […]." (Möbius, S. 73)

Informiert euch mit *info 7* (S. 30 ff. in diesem Heft) über Vernichtungswaffen.

➲ **Plakatgestaltung**

Gestaltet je ein Plakat gegen die jeweilige Gruppe von Waffen. Hängt diese neben eurer Wandzeitung auf.

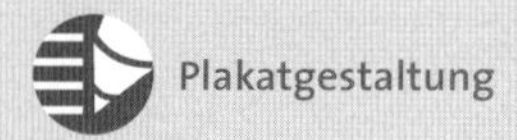

Gruppe 3

„Es gibt Risiken, die man nie eingehen darf: […]." (Möbius, S. 73)

Lest *info 8* (S. 34–36 in diesem Heft) zum Thema Verantwortung. Macht euch Gedanken, welche Risiken wir heute eingehen und überlegt, welche Folgen wir heute schon in der Umwelt erkennen können und welche für die Zukunft absehbar sind.

➲ **Plakatgestaltung**

Gestaltet dazu ein Plakat mit Bildern und Zeitungsberichten. Besprecht anhand eures Plakates das Strukturbild, das ethisches Handeln erklärt. Wie sollten und könnten wir uns verhalten?

Gruppe 4

„Jeder von uns tötete seine Krankenschwester für einen bestimmten Zweck." (Möbius, S. 75)

Macht euch noch einmal die Motive der drei für ihren jeweiligen Mord bewusst.

➲ **Gerichtsverhandlung**

Improvisiert vor der Klasse eine Gerichtsverhandlung, bei der die drei Physiker des Mordes angeklagt werden. Überlegt vorab, wie die Anklage argumentieren könnte und wie sich die Physiker verteidigen.

AB 14

Dr. Mathilde von Zahnd

➲ Aufgabe 1

Diskussion

Diskutiert, ob Mathilde von Zahnd verrückt ist. Was spricht dafür, was dagegen? Entscheidet auch, inwiefern das noch wichtig ist.

➲ Aufgabe 2

Wie habt ihr Dr. Mathilde von Zahnd im 1. Akt, nach dem dritten Mord und am Ende eingeschätzt? Belegt eure Meinung jeweils mit einer Textstelle.

	1. Akt	Nach dem dritten Mord	Am Ende
Einschätzung			
Textbeleg			

➲ Aufgabe 3

Eine kreative Schreibaufgabe

Sucht passende Textstellen und füllt damit nebenstehende Tabelle. Erstellt dann ein Charakterprofil für Dr. Mathilde von Zahnd, das ihr anschließend an die Wandzeitung hängt.

Was wir bisher von ihr wussten:	Was sie am Ende von sich sagt:
Lies dazu Seite 24 und 28.	Lies dazu Seite 82 und 85.

➲ Aufgabe 4

Zusatzaufgabe

„Die Rechnung ist aufgegangen.“ (S. 85) Inwiefern konnte diese ‚Rechnung aufgehen‘? Warum war das möglich?

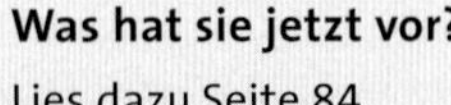

Was hat sie jetzt vor?

Lies dazu Seite 84.

„Die Rechnung ist aufgegangen." (S. 85)

Dialoge/Gespräche			innerer Monolog	Interview
Zahnd – Monika Stettler	**Zahnd – Irene Straub**	**Zahnd – Sievers**	**Zahnd steht vor dem Bild General Leonidas'**	**Zahnd – Reporter**
Spielt oder schreibt eines der beiden Gespräche. Beachtet dabei, dass die Absicht des Frl. Doktor erkennbar wird: „Ich hetzte die drei Krankenschwestern auf euch." (S. 84)		Spielt oder schreibt diesen Dialog als Vorstellungsgespräch von Sievers bei Frl. Doktor. Dabei werden ihm auch seine Aufgabenbereiche dargelegt.	Du könntest so beginnen: *„Du hast keinen Grund mehr, von da oben auf mich herabzusehen …"*	Ein Reporter interviewt Frl. Doktor über die neuen Aufgaben von ›Les Cerisiers‹ und über die zukünftigen Vorhaben ihres Trustes auch in Hinblick als großer Arbeitgeber der Stadt.

„Ihr wart bestimmbar wie Automaten […]." (S. 84)

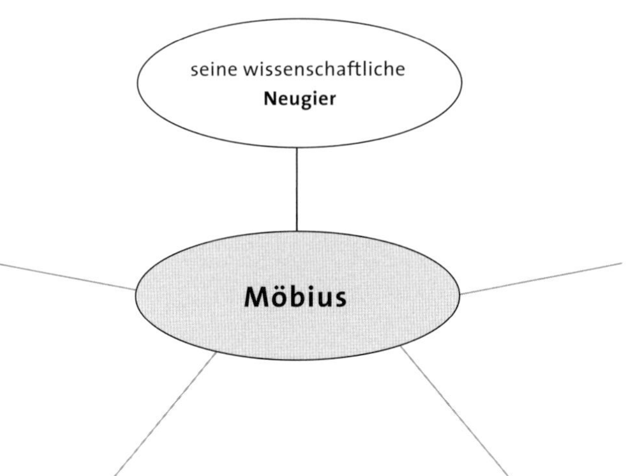

AB 15

➲ Aufgabe

Kreative Aufgaben

Was geht in Kilton und Eisler vor, bevor sie Möbius zustimmen? Wähle eine der beiden FIguren aus und schreibe einen inneren Monolog.

Persönliche Gespräche zwischen den Krankenschwestern und Dr. Mathilde v. Zahnd haben stattgefunden. Das belegt der Text auf S. 48 (Mitte, Einstein) und S. 51 (Oben, Schwester Monika).

Hinweis

Ein **Trust** ist ein Zusammenschluss mächtiger Konzerne, die weltweit arbeiten.

➲ Aufgabe

Dr. Mathilde von Zahnd missbraucht ihre Stellung als Vertrauensperson. Welche Eigenschaften Möbius' macht sie sich zunutze? Ein Beispiel ist vorgegeben.

Möbius hat versucht, das Geschehene zu verhindern. Was konnte er dabei nicht einplanen?

Den ________________

‚Verkehrte Welt'

In ›Les Cerisiers‹ ‚verdrehen' sich mehrfach die Zustände, Sachverhalte oder Verhaltensweisen der Figuren (siehe S. 18 in diesem Heft).

1. Akt	2. Akt	Ende
›Les Cerisiers‹ ist ein angesehenes Sanatorium für Geisteskranke. Hier gelten die Gesetze der Außenwelt nicht. (Erfahrung – Voß)	›Les Cerisiers‹ ist ein Gefängnis. Wärter kontrollieren alles Geschehen sowie die Insassen.	›Les Cerisiers‹ ist das Zentrum der Macht seiner Leiterin – es ist ein weltbeherrschender Trust.
Voß ist aggressiv. Er versteht diese Welt nicht.	Voß ist gelöst. Er versteht alle und alles.	
Die Physiker sind verrückt.	Die Physiker sind nicht verrückt, sie retten die Welt.	Die Physiker werden verrückt, weil eine andere Rechnung aufging.
Frl. Doktor gehört zu den hoffnungslosen Philantropen (sagt sie).	Frl. Doktor ist am Boden zerstört.	Frl. Doktor übernimmt die Macht Salomos. Sie ist verrückt.
Morde	Opfer	sinnlose Morde

Leseauftrag

Lies dazu die *21 Punkte zu den ‚Physikern'*, ab Seite 91 in deiner Lektüre, um diese Deutung Dürrenmatts zu überprüfen.

„Eine solche Geschichte ist zwar grotesk, aber nicht absurd (sinnwidrig)." „Sie ist paradox." (S. 92)

Friedrich Dürrenmatt sprach einmal davon, dass zu uns Menschen lediglich eine komödiantische Geschichte durchdringen könne. Er sagte jedoch auch, dass die katastrophalste Wendung, die eine Geschichte nehmen könne, die Wendung zur Komödie sei.

AB 16

Dürrenmatts Theaterstücke sind ‚Gegenwelten' einer wirklichen Welt, die Dürrenmatt für ‚paradox' hält

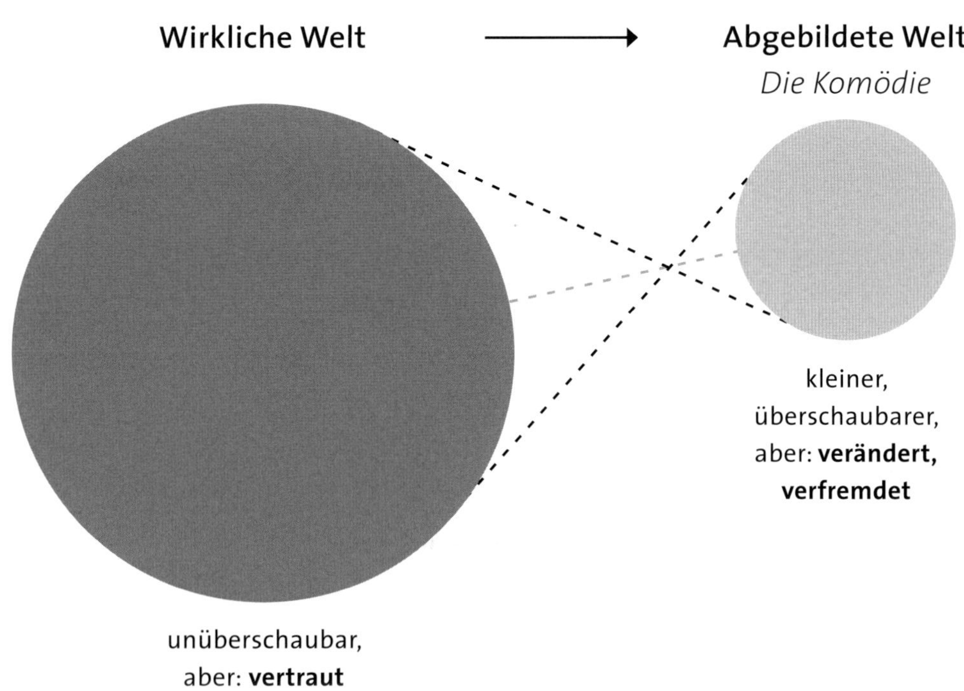

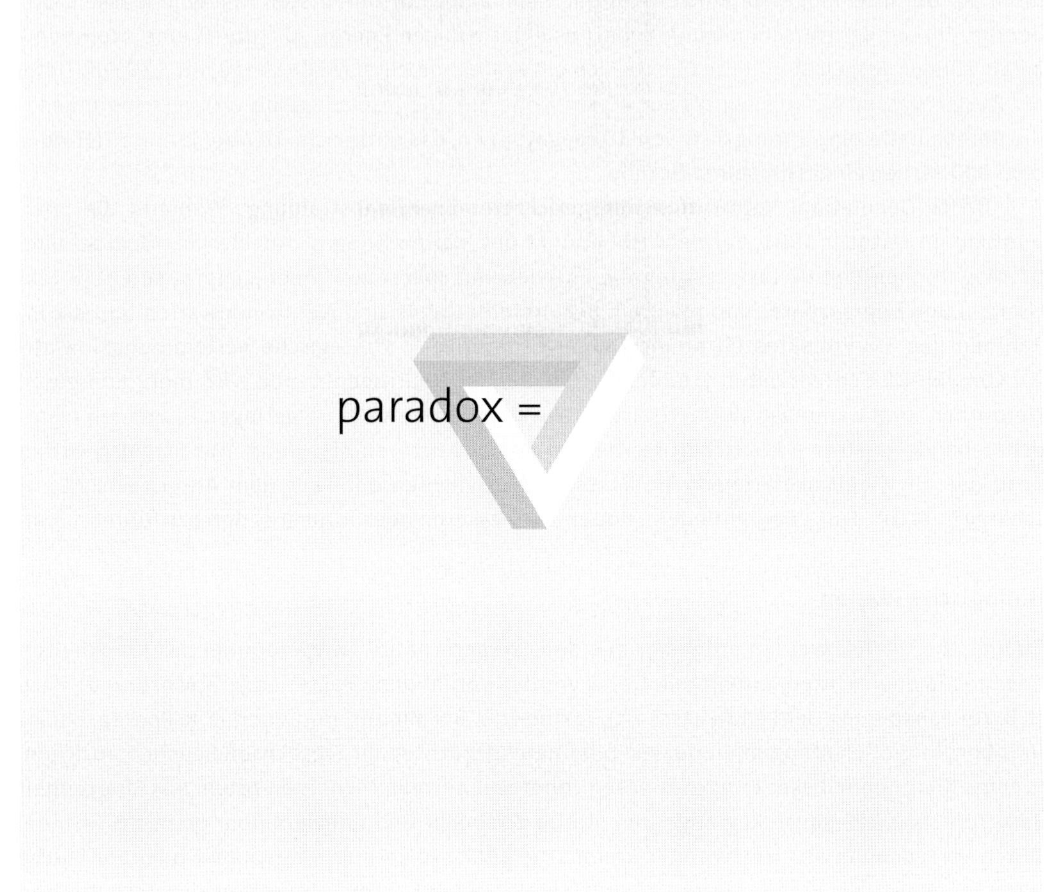

Info

Dürrenmatts Theater zeigt nicht die reale Welt, es zeigt eine ‚abgebildete' Welt. Es ist eine Welt, in der der Bühnenheld nicht mehr schuldig wird und an dieser Schuld zerbricht. Er ‚stolpert' über etwas Läppisches, Unbedachtes, Zufälliges und wird so nicht zur tragischen, sondern zur komischen Figur der Komödie.

➲ Aufgabe

Suche eine Definition für ‚paradox' und schreibe sie in eigenen Worten in die Mitte des Feldes. Suche dann verschiedene Beispiele in unserer wirklichen Welt, die dir paradox vorkommen, z. B. Verhaltensweisen, Meinungen oder Zustände. Notiere sie um deine Definition herum und erkläre schriftlich, warum du so empfindest.

Massenvernichtungswaffen – ABC-Waffen

Massenvernichtungswaffen umfassen Atomwaffen sowie biologische und chemische Waffen. Biologische und chemische Waffen sind durch internationale Verträge völkerrechtlich geächtet. Früher wurden diese als ABC-Waffen, heute als CBRN-Waffen bezeichnet, da die atomaren Waffen inzwischen in radiologisch (‚schmutzige Bombe', bei der die Freisetzung der Radioaktivität mit konventionellen Sprengstoffen erfolgt ohne Kernreaktion) und nuklear (Atombombe, Wasserstoffbombe) unterteilt werden. Das Genfer Protokoll („Protokoll über das Verbot der Verwendung von erstickenden, giftigen oder ähnlichen Gasen sowie von bakteriologischen Mitteln im Kriege") vom 17. Juni 1925 war ein erster Schritt, diese Waffen zu verbieten. Ergänzt wurde es durch weitere Abkommen wie die Biowaffenkonvention (1972) und die Chemiewaffenkonvention (1993), durch Rüstungsbeschränkungen und Abrüstungsverpflichtungen. Bis 2012 traten 137 Vertragsparteien bei.

Solche internationalen Abkommen konnten den Einsatz dieser Waffen jedoch nicht immer verhindern. So kam in einem Krieg zwischen dem Iran und dem Irak 1988 Giftgas zum Einsatz und tötete viele Menschen auf grausame Weise. Da biotechnisches Wissen weltweit verfügbar ist, können heute biologische Waffen leicht hergestellt werden, und die Gentechnik eröffnet weitere neue Potenziale für Biowaffen.

Atomwaffen

In den 1960er-Jahren gab es nur fünf Atommächte: die USA, die Sowjetunion (heute Russland), China, Großbritannien und Frankreich. Dadurch, dass nur wenige Großmächte über diese Waffen verfügten, sollte ein ‚Gleichgewicht des Schreckens' entstehen. 2018 waren es neun Atommächte: Indien, Pakistan, Israel und Nordkorea sind hinzugekommen.

Erste Generation: Kernspaltwaffen. Atomwaffen wurden bisher nur einmal in einem Krieg eingesetzt: Über Hiroshima, 6.8.1945, und Nagasaki, 9.8.1945, zündeten die USA am Ende des Zweiten Weltkriegs zwei Atombomben. Durch die Explosionen kamen 120.000 Menschen sofort um, weitere 90.000 Menschen verloren ihr Leben innerhalb der folgenden Tage.

Zweite Generation: Thermonukleare Waffen. Im November 1952 zündeten die USA oberirdisch auf der Insel Elugelab (Eniwetok-Atoll, Marshallinseln) zum ersten Mal eine Wasserstoffbombe. Bei der Kernverschmelzung bedarf es einer riesigen Energie, die durch eine Atombombe als Zünder ausgelöst wird. Es bildete sich ein Krater von einer Meile Länge mit 175 Fuß Tiefe; die Rauch-Wasser-Wolke stieg bis auf 40 km Höhe auf. Die Insel Elugelab war verschwunden – die Bombe hatte eine Sprengkraft von 10 Megatonnen, das entspricht 10 Mio. Tonnen TNT oder dem 800-fachen einer Hiroshima-Bombe.

Dritte Generation: Kernwaffen mit gerichteter Energieabstrahlung. Während die Sowjetunion im Oktober 1961, auf dem Höhepunkt des ‚Kalten Krieges', mit der ‚Zar-Bombe' eine 57-Megatonnen-Bombe testete, ging die Entwicklung später zu immer ‚zielpräziseren' (= taktischen) und begrenzbaren Atomwaffen. Bekannte Beispiele sind Neutronenwaffen und die im Rahmen des SDI-Projektes (Strategic Defense Initiative = Strategische Verteidigungsinitiative) von den USA entwickelten Strahlenwaffen. Bei der Neutronenbombe wird mehr Energie in Neutronen- und Gammastrahlung frei, die Druck- und Hitzewelle ist geringer. Es werden weniger Gebäude zerstört – Menschen sterben an der ungeheuren Strahlung. Mit Strahlenwaffen bestünde die Möglichkeit, feindliche Raketen abzuschießen oder aus dem All gezielte Atomschläge (z. B. Luft-Luft-, Boden-Boden-, Boden-Luft-Raketen oder Torpedos) durchzuführen.

Biologische Waffen

Biologische Waffen werden entweder aus den Erregern natürlich vorkommender Krankheiten oder aus Toxinen (Giften) entwickelt. Dabei werden vorhandene Bakterien (z. B. Milzbrand), Pilze (z. B. zur Schädigung der Landwirtschaft), Toxine (z. B. Botulinum) und Viren (z. B. Pocken, Ebola) in Labors in großen Mengen produziert oder neue gezüchtet. Ihr Einsatz soll Seuchen auslösen. Wenige Kilogramm dieser Erreger könnten zehntausende von Menschen töten. Aus Flugzeugen versprüht, könnten ganze Regionen und Städte verseucht und unbewohnbar gemacht werden. Durch Verseuchung des Trinkwassers könnte die Zivilbevölkerung umgebracht oder zur Flucht gezwungen werden. Bereits geringe Mengen biologischer Kampfstoffe wären zu terroristischen Anschlägen benutzbar, da sie leicht zu transportieren sind.

Chemische Waffen

Chemische Waffen bestehen aus festen, flüssigen oder gasförmigen Substanzen oder Gemischen (z. B. Chlor, aber auch Napalm oder Entlaubungsmittel), die giftig (toxisch) auf Menschen, Tiere oder Pflanzen wirken. Chemische Waffen müssen mittels Granaten oder Raketen transportiert werden. Das schränkt ihren Einsatz gegenüber biologischen Waffen ein.

Wie verheerend sie wirken, zeigt ein Unfall in Indien: Bei einem Chemie-Unfall in Bophal kamen 1984 mehrere tausend Menschen ums Leben, 500.000 wurden verletzt.

Wettrüsten (‚Rüstungsspirale')

Mit der Entwicklung der Atombombe setzte ein weltweites Wettrüsten ein. Zwischen den USA und der damaligen Sowjetunion (heute Russland) entbrannte in der Zeit des ‚Kalten Krieges' ein den Weltfrieden bedrohender Rüstungswettlauf.

USA – UdSSR (Sowjetunion)

16. Juli 1945	erster Atomwaffenversuch der USA bei Los Alamos in New Mexico
6. August 1945	Abwurf der ‚Little-Boy'-Atombombe über Hiroshima, Japan: 90.000 sofort Getötete, weitere 50.000 starben in den folgenden Tagen.
29. August 1945	zweiter Atombombenabwurf über Nagasaki, Japan: ca. 36.000 sofort Getötete, weitere 40.000 starben in den folgenden Tagen.
November 1949	erster Atomwaffentest der UdSSR (heute Russland)
12. August 1952	Eniwetok-Atoll, erster Wasserstoffbombentest der USA, 10 Megatonnen Sprengkraft
1953	erster Wasserstoffbombentest der UdSSR (heute Russland)
1954	Bikini-Atoll; Wasserstoffbombentest der USA – 15 Megatonnen
1955	USA stationieren ebenfalls Interkontinentalbomber, Düsenbomber mit großer Reichweite
ab 1958	UdSSR (heute Russland) nimmt erste atomargetriebene U-Boote in Betrieb
1959	USA stationieren ihrerseits Interkontinentalraketen
1960	UdSSR (heute Russland) stellt bodengestützte Atomraketen auf; Reichweite: 10 000 km
1960	USA nehmen atomgetr. U-Boote in Betrieb; diese können unter Wasser Atomraketen abschießen
30. Oktober 1961	UdSSR (heute Russland) zündet die ‚Zar'-Bombe – eine 57-Megatonnen-Wasserstoffbombe, die größte jemals getestete Bombe
1976	Sowjetunion stellt mit der SS20 zielgenaue Mittelstreckenraketen mit Nuklearsprengköpfen auf
1979	NATO-Doppelbeschluss: ab 1983 werden computergesteuerte Atomraketen ‚nachgerüstet', wenn die Sowjetunion nicht ihre Mittelstreckenraketen bis dahin abbaue. Da die Abrüstungsgespräche scheitern, wird ab 1983 ‚nachgerüstet'. Die Sowjetunion rechtfertigt ihre neuen Raketen als ‚Schließen einer Raketenlücke'.

Das Waffenarsenal im Jahre 1982

NATO	Warschauer Pakt
1.646 Langstreckenraketen, 9.000 Atomsprengköpfe, 12.000 Kampfflugzeuge, 368 Kriegsschiffe, 224 U-Boote, 25.000 Panzer	2.900 Raketen, 9.000 Atomsprengköpfe, 12.000 Kampfflugzeuge, 207 Kriegsschiffe, 258 U-Boote, 60.000 Panzer

Overkill In mehreren Krisen wurde der Einsatz der Atomwaffen befürchtet, so etwa 1962 in der **‚Kuba-Krise'**. Ende der 1980er-Jahre verfügten die Militärblöcke NATO und der Warschauer Pakt über die Fähigkeit des **‚Overkills'**: Beide Seiten wären in der Lage gewesen, die Erde mehrfach zu zerstören. Der Rüstungswettlauf hatte dazu geführt, dass jede Seite versuchte, dem Gegner in allen Bereichen voraus zu sein oder zumindest nicht in Rückstand zu geraten. Unvorstellbare Waffenarsenale waren angehäuft worden.

Weiterverbreitung von Massenvernichtungswaffen Die Gefahr einer Weiterverbreitung (Proliferation) von Massenvernichtungswaffen ist in den letzten Jahren in den Mittelpunkt des Interesses gerückt. In zahlreichen Fällen versuchten Länder, biologische und chemische Waffen herzustellen. Dazu kauften sie Fabrikausrüstungen und Grundstoffe ein. Oft mit dem Ziel, Nachbarstaaten unter Druck zu setzen.

Durch Unterschreiben des Atomwaffensperrvertrags (1968) verpflichteten sich die Unterzeichnerländer, Atomwaffen weder zu erwerben noch herzustellen. Die Bundesrepublik Deutschland hat 1975 diesen Vertrag unterzeichnet. Über die NATO-Mitgliedschaft sind jedoch Atomwaffen in der Bundesrepublik deponiert.

➲ Aufgabe

Plakatgestaltung

Gestaltet ein Plakat, auf dem ihr das Wettrüsten als große Spirale darstellt. Die Spirale beschriftet ihr dann mit den bedeutendsten Ereignissen und Entwicklungen aus der Geschichte.

Info

Ministerpräsident **Nikita Chruschtschow** sagte im Kalten Krieg zu Sacharow, einem am Bau der sowjetischen Wasserstoffbombe beteiligten Physiker, dass die Physiker die Bombe machten, die Politiker ihnen aber sagten, was zu tun wäre.

Ende des Wettrüstens – kein Ende der Angst vor einem Atomwaffeneinsatz

Mit der Entspannungspolitik und den Abrüstungsverträgen Ende der Achtzigerjahre des letzten Jahrhunderts endeten der Kalte Krieg und auch das Wettrüsten zwischen NATO und Warschauer Pakt beziehungsweise den USA und der ehemaligen UdSSR.

Der Zusammenbruch des Warschauer Pakts, der Zerfall der Sowjetunion, die Demokratisierung ehemaliger Pakt-Staaten und die Wiedervereinigung Deutschlands führten zu euphorischen Vorstellungen einer nuklearwaffenfreien Welt.

Abrüstung

Abrüstung und Reduzierung der Atomwaffen standen und stehen seitdem im Mittelpunkt von diplomatischen Bemühungen und Verträgen wie START und SORT. Viele Hoffnungen wurden jedoch enttäuscht. Das in Jahrzehnten aufgetürmte Arsenal an Nuklearsprengköpfen der beiden Supermächte stellt immer noch ein enormes Risikopotenzial für weitere Generationen dar. Für die Instandhaltung und auch Modernisierung von Atomwaffen sowie für die Entwicklung von Abwehrsystemen werden Unsummen ausgegeben. Auch der Abbau von Atomwaffen erweist sich als schwierig und teuer.

2009 formulierte der amerikanische Präsident Obama seine Hoffnung auf eine Welt ohne Atomwaffen. 2012 wurde von Obama und dem russischen Präsidenten Medwedew ‚New Start' auf den Weg gebracht. Bis 2021 wollen Russland und die Vereinigten Staaten die Zahl ihrer einsatzbereiten Sprengköpfe auf 1.550 und die Anzahl ihrer strategischen Trägersysteme auf 800 reduzieren. Immer noch haben die etwa 21.500 Atomwaffen, von denen etwa 95 Prozent den USA und Russland gehören, das Zerstörungspotenzial von 150.000 Hiroshima-Bomben.

Rüstungskontrollen

Zudem besteht die Angst, dass auch ein weniger entwickeltes Land mit wenigen interkontinental einsetzbaren Massenvernichtungswaffen zur Gefahr werden kann. Durch Kontrollen in solchen Staaten soll verhindert werden, dass sie neben der zivilen Nutzung der atomaren Technik (Stromerzeugung in Form von Kernenergie, Medizin etc.) Atomwaffen und die notwendigen Trägersysteme herstellen können.

Geheime Atomprogramme

Ein ziviles Atomprogramm könnte im Geheimen militärisch ausgebaut und missbraucht werden. So steht der **Iran** im Verdacht, die Entwicklung von Atomwaffen voranzutreiben. Die Internationale Atomenergieorganisation (IAEO) wies immer wieder darauf hin, dass der Iran technisch in der Lage sei, Atomwaffen herzustellen, und das Land sich deshalb internationaler Kontrolle oft verweigere. Die Regierung des Iran weist diese Behauptung immer wieder zurück – das Atomprogramm diene lediglich friedlichen Zwecken.

Israel, dem die undemokratische Regierung des Iran das Existenzrecht abspricht, drohte immer wieder, das iranische Atomprogramm zu seinem Schutz militärisch zu unterbinden. Der Iran ist von Staaten umgeben, zu denen ein gespanntes oder gar feindliches Verhältnis besteht. Die Angst vor der nuklearen Bewaffnung des Iran führt wiederum auch in arabischen Ländern zu Überlegungen, Atomprogramme zu starten.

Auch die kommunistische Diktatur in **Nordkorea** treibt unter den Augen der Weltöffentlichkeit ihr Kernwaffenprogramm energisch voran. Nach eigenen Angaben testete Nordkorea am 9. Oktober 2006 erstmals eine Kernwaffenexplosion und behauptet von sich, über mehrere einsatzbereite Atombomben und entsprechende Trägersysteme zu verfügen. Nordkoreanische Wissenschaftler testeten am 12. Dezember 2012 eine Interkontinentalrakete, die, mit einem Atomsprengkopf bestückt, die Westküste der Vereinigten Staaten erreichen können soll. Der erste Test einer Wasserstoffbombe erfolgte am 03. September 2017.

In **China** wurde 1964 eine Atom- und 1988 eine Neutronenbombe getestet. Unter den offiziellen Atomwaffenstaaten ist es zwar das einzige Land mit einer Politik des Nichtersteinsatzes, es erweitert und modernisiert sein Atomwaffenarsenal jedoch zeitgleich beständig.

In **Indien** wurde das Atomwaffenprogramm aufgrund des Krieges mit China 1962 und dessen Atombombentest 1964 gestartet. Der erste Test einer indischen Atombombe fand am 18. Mai 1974 statt. In den folgenden Jahren wurden die indischen Waffen immer kleiner, dabei gleichzeitig effizienter. Auch die Entwicklung der Trägersysteme wurde optimiert. Heute hat Indien diverse Verträge unterzeichnet, die den Handel mit ziviler Nukleartechnik erlauben.

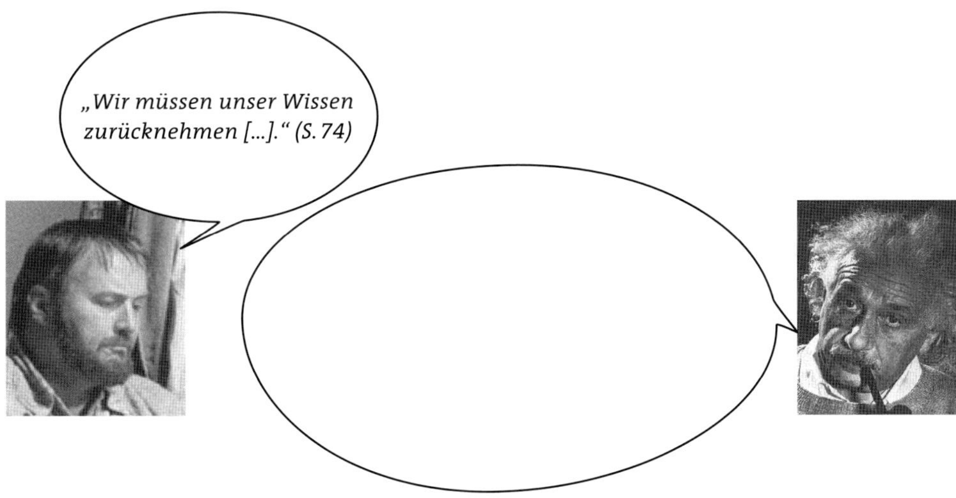

AB 17

➲ Aufgabe 1

Lies *info 4* (S. 23 in diesem Heft). Wie hoffte der historische Einstein, den Einsatz der furchtbaren Waffe zu verhindern? Was würde er Möbius auf dessen Vorschlag, das Wissen zurückzunehmen, antworten?

Klaus Fuchs

➲ Aufgabe 2

Recherchiere online, wie ausländische Mächte seit dem Zweiten Weltkrieg versuchten, ihren Wissensstand hinsichtlich fortschrittlicher Atomwaffen zu erweitern. Der Kernphysiker Klaus Fuchs beispielsweise entschied sich für ein anderes Vorgehen als Möbius. Halte die Ergebnisse deiner Recherche stichwortartig fest und versuche sie mit grafischen Mitteln (z. B. Folgepfeilen) zu strukturieren.

Wie bewertest du angesichts dessen Möbius' Haltung der Vertuschung? Glaubst du, er wird daran festhalten?

Ethik
griechisch *ethos:*
Gewohnheit, Sitte

Wie sollen wir Menschen uns verhalten?

Typisch ethische Fragestellungen lauten: Was ist gut? Was soll ich tun? Wie soll ich mich verhalten? Oder: Wie sind Handlungen (meine, die anderer Menschen) zu bewerten?

Die Grundfragen der Ethik richten sich auf das Gute als Richtschnur richtigen – und vernünftigen – Handelns. Sie versucht, Aussagen zu finden, die für alle gerechten Menschen gelten sollen. Interessant ist, dass noch zu Beginn der Neuzeit der Begriff ‚Glück' im Vordergrund stand. So meinten damals viele Philosophen, Handlungen seien dann gut, wenn der Mensch dadurch glücklicher würde. Schon damals wurde jedoch gefragt, wann eigentlich ein Mensch glücklich sei, und es wurde darauf hingewiesen, dass das eigene Glück auch das Glück anderer Menschen berücksichtigen müsse.

Fortschritte in Forschung und Technik haben uns Menschen seitdem viele Möglichkeiten erschlossen. Autofahren ist alltäglich geworden, wir fliegen wie selbstverständlich zu Großveranstaltungen oder in den Urlaub. Sonden erkunden das All nach anderen Lebensräumen. In Supermärkten können wir einkaufen, was die gesamte Welt an Früchten und Produkten anbietet. Via Internet besorgen wir uns neueste Songs oder reden mit unseren Freunden in Amerika. Bessere Ernährung, weniger körperliche Belastung und die moderne Medizin haben unsere Lebenserwartung um dreißig Jahre erhöht.

Andererseits hungern, ja verhungern Millionen von Menschen, leben in der Dritten Welt zahllose Menschen in Slums und Elend. Mehrfach schon stand unsere Welt vor einem Dritten Weltkrieg, der durch den Einsatz von Atomwaffen das Ende unseres Planeten hätte bedeuten können.

Unter dem Eindruck dieser ungeheuren Entwicklung und angesichts immer deutlicher werdender Folgen und Gefahren der modernen Wissenschaft und Technik haben sich in den letzten Jahrzehnten eine wachsende Zahl von Philosophen solch ethische Fragen neu gestellt. Dabei fordern einige, der Mensch dürfe nicht nur auf seinen Vorteil, auf sein momentanes Glück und Wohlbefinden aus sein. Jeder solle auch die Folgen seines Handeln vorhersehen und überprüfen, bevor er entscheidet, ob er etwas Bestimmtes tut. Dabei sei zu berücksichtigen, dass unser Verhalten immer weiterreichende Folgen hat: Dass die Welt ein globales Dorf ist, ist nicht mehr nur ein Werbespruch der Computerindustrie. Andere Philosophen, wie beispielsweise Hans Jonas, ergänzten, dass das oberste ethische Prinzip die Ehrfurcht vor dem Leben sein müsse, auch für künftige Generationen. Entsprechend sollten es die Menschen auch mit Entscheidungen in Forschung und Technik handhaben, fordern Vertreter dieser ethischen Richtung. Neben dem Nutzen für einen selbst oder für viele sollten vor allem Schäden, Benachteiligungen oder Gefährdungen anderer Menschen überprüft und abgewogen werden.

Faktoren für ein verantwortungsbewusstes Handeln

Folgen abwägen	Soziale Verantwortung	Nutzen erkennen	Zukunft berücksichtigen
Welche Folgen hat das Handeln • für mich? • für meine Mitmenschen? • für Natur und Umwelt?	Wer ist vom Handeln betroffen? • Ich • Andere • Die Gesellschaft • Die Menschheit	Welche Verbesserung bringt es • in der Ernährung? • für die Gesundheit? • für den Frieden?	Welche Folgen hat das Handeln • für die Zukunft? • für zukünftige Menschen? • für die Umwelt?

Ethische Verantwortung für das Handeln

Wer etwas <u>macht</u> – oder <u>unterlässt</u> – der handelt. Im Kleinen wie im Großen:

- Ob du auf deinen Bruder aufzupasst oder lieber ins Kino gehst,
- ob ein Autofahrer sein Auto benutzt, obwohl er Alkohol getrunken hat,
- ob ein Wissenschaftler forscht und Versuche durchführt,

unser Handeln hat Folgen unterschiedlicher Auswirkung.

Ein Modell der Verantwortung

1987 erhielt Hans Jonas den Friedenspreis des deutschen Buchhandels, eine der wichtigsten Auszeichnungen, die in Deutschland an Wissenschaftler, Künstler und Schriftsteller vergeben wird.
Aber: Kann der Mensch alle Folgen seines Handelns überblicken? So wird gefragt, ob es zu verantworten ist, z.B. die neuen gentechnischen Möglichkeiten im Bereich der Herstellung von Medikamenten (z.B. Insulin) und des Umweltschutzes (z.B. verringerte Aufwandsmengen an Pflanzenschutzmitteln durch gentechnisch veränderte Kulturpflanzen) nicht anzuwenden? Es bestehe die Gefahr, dass wichtige Entscheidungen aus Angst und Unsicherheit zu lange aufgeschoben würden. Darunter könnten Menschen leiden oder Schäden für die Umwelt entstehen.
Andere bemängeln, dass diese ‚Verantwortungsethik' keine Verbindlichkeit habe. Wie könnte sichergestellt werden, dass sich alle an die einmal gefundenen Regeln halten und, dass alle wahrhaftig überprüfen, ob ihr Handeln richtig ist?
Die ‚Ethik der Verantwortung' wurde deshalb in einer ‚Ethik des Diskurses' ergänzt. Dabei sollten alle Menschen in einem immerwährenden Meinungsaustausch miteinander offen und ehrlich über Lösungen und Gefahren miteinander reden. In einer Art Diskussion sollen alle Vorschläge und Absichten überprüft werden. Dabei sollen auch Wissenschaftler und Firmen zur Verantwortung gezogen werden, wenn sie fahrlässig oder wider anerkannter Regeln gehandelt hätten. International anerkannte Einrichtungen sollten Einblick in Forschung und Entwicklung erhalten und kontrollierend eingreifen können.
In Bezug auf Gentechnik sollten ‚Ethik-Kommissionen', bestehend aus Fachleuten, aber auch aus Laien, verbindliche Regeln festlegen. Diese Regeln sollen feste Grenzen und Einschränkungen umfassen und ständig neuen Erkenntnissen und Wissen angepasst werden.

Info

Hans Jonas, (1903–1993), Philosoph und Religionswissenschaftler, stellte 1979 in seinem Buch *Das Prinzip Verantwortung* die Forderung auf, dass der Einzelne sich in die wissenschaftliche und technische Entwicklung einmischen müsse, um Verantwortung für Leben und Natur zu übernehmen.

Eine Goldene Regel für unser Handeln?

Als ‚Goldene Regel' bezeichnet man den verbreiteten Grundsatz der praktischen Ethik:

„Behandle andere so, wie du von ihnen behandelt werden willst."

Im Volksmund gibt es das bekannte Sprichwort: Es entstand aus dem Gebot (Bibel, Thora) der Nächstenliebe.

„Was du nicht willst, dass man dir tu', das füg' auch keinem anderen zu."

Sprichwörter enthalten oft wichtige ethische Grundlagen:

„Die Alten hatten ein Gewissen ohne Wissen; wir heutzutage haben das Wissen ohne Gewissen." Julius Wilhelm Zincgref

„Man kann sein Gewissen betrügen, aber nicht täuschen." Johann Wolfgang v. Goethe

Verbindliche Regeln finden und einhalten

Im Hessischen Universitätsgesetz wurde festgehalten: „Alle an der Forschung und Lehre beteiligten Mitglieder und Angehörigen der Hochschule haben die gesellschaftlichen Folgen wissenschaftlicher Erkenntnis mitzubedenken. Werden ihnen Ergebnisse der Forschung, vor allem in ihrem Fachgebiet, bekannt, die bei verantwortungsloser Verwendung erhebliche Gefahr für die Gesundheit, das Leben oder das friedliche Zusammenleben der Menschen herbeiführen können, sollen sie den zuständigen Fachbereichsrat oder ein zentrales Organ der Hochschule davon unterrichten."

Der Deutsche Ethikrat

Der Deutsche Ethikrat besteht seit 2008 und berät unter anderem die Bundesregierung und den Bundestag bei der Gesetzgebung. Er ist ein unabhängiger Sachverständigenrat, der „ethische, gesellschaftliche, naturwissenschaftliche, medizinische und rechtliche Fragen sowie die voraussichtlichen Folgen für Individuum und Gesellschaft, die sich im Zusammenhang mit der Forschung und den Entwicklungen insbesondere auf dem Gebiet der Lebenswissenschaften und ihrer Anwendung auf den Menschen ergeben", bearbeitet. Der Deutsche Ethikrat hat sich seit 2008 unter anderem mit folgenden wichtigen Themen befasst: Sterbehilfe und Sterbebegleitung – Klonen von Menschen – und zu biomedizinischen Forschungszwecken – synthetische Biologie.
Informationen entnommen aus: https://www.ethikrat.org/der-ethikrat/ [eingesehen am 01.10.2019]

Info

Aktuelle Infos findest du unter www.ethikrat.org

Als **Charta** bezeichnet man eine Satzung oder eine (völker-)rechtlich verbindliche Grundordnung. In ihr werden die wichtigsten Werte, Regeln und Ziele festgehalten.
Die bekannteste Charta ist die der Vereinten Nationen. Im übertragenen Sinn wird der Begriff auch für Satzungen oder Selbstverpflichtungen nichtstaatlicher Organisationen verwendet.
So gibt es z.B. Chartas von Wissenschaftlern, Berufsgemeinschaften oder Firmen.

Die Erd-Charta – ‚Menschenrechtserklärung des 21. Jahrhunderts'

Die Vereinten Nationen wurden nach dem Zweiten Weltkrieg gegründet, um die Zusammenarbeit der Völker und der Staaten zu verbessern und um Konflikte und Kriege zu vermeiden. Bei allen Erfolgen zeigte sich bald, dass in wichtigen Fragen der sozialen Gerechtigkeit, der Gesundheit und vor allem in der Umweltpolitik keine Einigkeit zu erzielen war. Dies führte auf Initiative der Vereinten Nationen zur Idee einer Erd-Charta. Als die grundlegende Ethik für eine nachhaltige Entwicklung stellt sie eine Art ‚Menschenrechtserklärung des 21. Jahrhunderts' dar.

Auszug aus der Erd-Charta:

„PRÄAMBEL
Wir stehen an einem kritischen Punkt der Erdgeschichte, an dem die Menschheit den Weg in ihre Zukunft wählen muss. Da die Welt zunehmend miteinander verflochten ist und ökologisch zerbrechlicher wird, birgt die Zukunft gleichzeitig große Gefahren und große Chancen. Wollen wir vorankommen, müssen wir anerkennen, dass wir trotz und gerade in der großartigen Vielfalt von Kulturen und Lebensformen eine einzige menschliche Familie sind, eine globale Gemeinschaft mit einem gemeinsamen Schicksal. Wir müssen uns zusammentun, um eine nachhaltige Weltgesellschaft zu schaffen, die sich auf Achtung gegenüber der Natur, die allgemeinen Menschenrechte, wirtschaftliche Gerechtigkeit und eine Kultur des Friedens gründet. Auf dem Weg dorthin ist es unabdingbar, dass wir, die Völker der Erde, Verantwortung übernehmen füreinander, für die größere Gemeinschaft allen Lebens und für zukünftige Generationen."

Die Initiatoren hatten eine offizielle Diskussion über die Erd-Charta auf dem 2002 in Johannesburg (Südafrika) stattfindenden Weltgipfel angestrebt. Im Zuge dessen sollte die Charta von der internationalen Staatengemeinschaft bestätigt werden. Dieses Ziel wurde jedoch verfehlt und es wurde lediglich das Bildungsprogramm (Educating for Sustainable Living with the Earth Charter) verabschiedet.
Nichtsdestotrotz fand die Erd-Charta inzwischen über 4.500 Unterzeichner, zu denen viele internationale Organisationen und Regierungen gehören. Die Erd-Charta soll Menschen verdeutlichen, wie ein nachhaltiges Zusammenleben funktionieren kann und dazu führen, dass über gemeinsame Werte gesprochen wird und diese gefunden werden. Es wird gehofft, dass die ganzheitliche ethisch-ökologische Betrachtungsweise der Charta bei immer mehr Menschen, Gruppen und Initiativen, Institutionen und Regierungen Zustimmung findet.
In mehr als 40 nationalen Erd-Charta-Komitees wird diese Initiative unterstützt und vor Ort verbreitet.

Ein völkerrechtlich verbindlicher Klimaschutz?

Ziel vieler Klimakonferenzen seit 1980 war bislang, völkerrechtlich verbindliche Verpflichtungen der Industrieländer zur Reduktion ihres Ausstoßes an Treibhausgasen festzuschreiben. Dadurch sollte die bedrohliche Erderwärmung zumindest abgeschwächt werden.
Am 11. Dezember 1997 wurde auf einer Konferenz der Vereinten Nationen in Kyoto (Japan) eine Absichtserklärung zum Klimaschutz verabschiedet. Ein Schritt, der Hoffnung machte:
Das am 16. Februar 2005 in Kraft getretene Abkommen legte erstmals völkerrechtlich verbindliche Zielwerte für den Ausstoß von Treibhausgasen in den Industrieländern fest, welche die hauptsächliche Ursache der globalen Erwärmung sind. Bis Anfang Dezember 2011 unterschrieben 191 Staaten sowie die Europäische Union das Kyoto-Protokoll verpflichtend bis 2012.
Die USA traten dem Protokoll nie bei, Kanada gab im Dezember 2011 seinen Ausstieg aus dem Abkommen bekannt.
In mehrjährigen Verhandlungsrunden wurde beschlossen, das Kyoto-Protokoll ab 1. Januar 2013 mit einer zweiten Verpflichtungsperiode bis 2020 zu verlängern. Neuseeland, Japan und Russland haben jedoch entschieden, an der 2. Verpflichtungsperiode nicht mehr teilzunehmen.

Gentechnik – Segen oder Fluch?

Gentechnik wird in unserer Gesellschaft sehr unterschiedlich bewertet. Wie bei keinem anderen Thema prallen begeisterte Zustimmung und entschiedene Ablehnung hart aufeinander. Viele Menschen verbinden Ängste und große Unsicherheit mit diesem Thema. Die Wirtschaft selbst drängt immer wieder auf klare Regelungen, was erlaubt und was nicht erlaubt sein soll. Führende Unternehmen sehen in der Gentechnik einen neuen riesigen Markt für die Entwicklung neuer Medikamente, neuer Pflanzen und Produkte. Damit verbunden erwarten sie hunderttausende neuer Arbeitsplätze.

Wird das sogenannte ‚Klonen' angesprochen, werden urmenschliche Ängste geweckt – leider oft angeschürt durch unsachliche Berichterstattungen, die das Sensationelle und Machbare in den Vordergrund stellen. Sachliche Information tut Not. Nur ausgehend von dieser ist ein kritisches Bewerten, sind klare und gefestigte Standpunkte möglich. Dazu sollen die nächsten Seiten beitragen.

Die moderne weltweite Forschung führt uns immer mehr das Machbare vor Augen. Daneben wird immer mehr deutlich, dass die neuen Techniken Gefahren mit sich bringen können, die weltweite Auswirkungen haben könnten. So weisen Fachleute bei der Diskussion über Folgen und Gefahren immer wieder auf Parallelen zur Atomenergie hin. Es könnten Veränderungen der Pflanzenwelt, ja des gesamten Ökosystems eingeleitet werden.

Einig sind sich alle: Wir stellen mehr denn je die Weichen für die Zukunft. Viele der Verfahren sind, einmal angewandt, nicht mehr zurückzunehmen.
Wir Menschen erfahren einen Zuwachs an Wissen und mittels neuer Techniken eine „Machbarkeit", die uns stärker denn je Fragen aufzwingen:

- Was soll der Mensch tun, was darf der Mensch tun?
- Was darf er nicht tun?
- Was muss er unterlassen?

Gläubige Menschen stellen auch die Frage, ob es uns Menschen erlaubt ist, in die Schöpfung Gottes einzugreifen.

➲ Aufgabe
Lies den Text aufmerksam durch und markiere wichtige Informationen. Gib den Absätzen Überschriften und notiere dir eventuelle Fragen am Rand.

Begriffserläuterungen zur Gentechnik

Unter Genom verstehen wir die Gesamtheit aller Gene eines Lebewesens. Die Gene enthalten die Bauanleitungen für Aminosäuren, den Bausteinen für Proteine (Eiweißmoleküle). In den Genen sind die Eigenschaften des Lebewesens, des Virus' oder der Pflanze festgelegt. Ein Gen besteht aus einem DNA-Abschnitt eines Chromosoms.

Die DNA (Desoxribonucleic acid, früher mit DNS für Desoxiribonukleinsäure bezeichnet) besteht aus vier Bausteinen, den Nukleotiden. Diese Bausteine bilden fadenförmige DNA-Moleküle, die als Doppelhelix, ähnlich einer in sich gedrehten Strickleiter, aufgebaut sind. Die Abfolge der Nukleotide wird als genetischer Code bezeichnet. So hat jedes einzelne Lebewesen, Virus oder jede Pflanze ein unverwechselbares Muster, das DNA-Profil. Daraus lässt sich der sogenannte ‚genetische Fingerabdruck' ablesen. Alle Erbinformationen sind in jeder einzelnen Zelle enthalten.

Die DNA des Menschen besteht aus etwa drei Milliarden Basenpaaren, die aus den Nukleotiden Adenin, Thymin, Cytosin und Guanin aufgebaut sind. Zwar sind inzwischen alle Genome entschlüsselt, Fachleute weisen jedoch darauf hin, dass das Zusammenspiel dieser noch nicht gänzlich nachvollziehbar sei.

Gentechnologie umschreibt alle Verfahren, bei denen der Aufbau eines Gens untersucht, verändert oder gar verändert wieder in einen Organismus oder auf einen anderen Organismus übertragen wird. Pflanzengene einer Pflanzenart können auf eine andere Art aber auch auf Tiere (oder umgekehrt) übertragen werden. Menschliche Gene werden in Versuchen in die Erbanlagen von Tieren eingesetzt.
Der praktische Einsatz der Erkenntnisse und Verfahren in Landwirtschaft, Industrie und Medizin wird als Gentechnik bezeichnet.

In der Medizin werden gentechnische Verfahren vor allem bei der Diagnose (Untersuchung, Feststellung von Krankheiten) benutzt. Obwohl die Sequenzierung des menschlichen Genoms bekannt ist, befinden sich in Datenbanken mehrere tausend Einträge über Abweichungen in der menschlichen DNA-Sequenz. Diese Erkenntnisse können für die Erkennung von Krankheiten angewendet werden. So kann man heute genetische Veranlagungen für Brustkrebs oder Alzheimer feststellen und sicher diagnostizieren. Bis auf sehr wenige Ausnahmen können jedoch erblich veranlagte Krankheiten nicht behandelt werden.

Eigentliche Gentherapien, bei denen die betroffenen Gene verändert und so die Krankheiten geheilt würden, sind bis heute nicht möglich. In der Folge werden bei Diagnose von Erbschäden viele Föten abgetrieben.

Bei der Transplantation (Übertragung) von Organen wird schon seit einigen Jahren versucht, fehlende menschliche Spenderorgane durch tierische zu ersetzen. Beispielsweise werden Menschen Schweinenieren eingepflanzt. Die große Gefahr der Abstoßung wollen Genforscher nun dadurch verhindern, indem sie ein menschliches Gen auf die Schweine übertragen, das die Abstoßung mindert oder verhindert. In der Bundesrepublik fehlen jährlich allein Nieren für 10.000 Menschen. Diese müssen so jahrelang auf Spender warten; viele sterben aufgrund der auszehrenden Dialysebehandlung, bevor ein lebensrettendes Organ zur Verfügung steht.

9 i

Zahlreiche Medikamente werden schon heute mittels gentechnischer Verfahren erfolgreich hergestellt. Meist werden gentechnisch veränderte Bakterien eingesetzt. So wird Insulin für Diabetiker seit Mitte der Achtzigerjahre zu mehr als 80 Prozent gentechnisch hergestellt. In der Bundesrepublik Deutschland sind derzeit mehr als 271 verschiedene gentechnisch hergestellte Medikamente zugelassen. Patienten mit Multipler Sklerose und Diabetiker können beispielsweise so behandelt werden.

Seit Urzeiten züchten wir Menschen Tiere und Pflanzen, wählen dadurch aus, verändern. Auch hier wird in das Erbgut der Nutzpflanzen und -tiere eingegriffen. Wir versuchen, die nach unserem Ermessen günstigsten Erbanlagen verschiedener Sorten und Rassen zu vereinigen. Die mit Gentechnik umschriebenen neuen Verfahren steigern diese Möglichkeiten ins Unermessliche: Durch gentechnische Verfahren sollen den Pflanzen und Tieren neue Eigenschaften hinzugefügt werden, sollen Erträge gesteigert, die Widerstandsfähigkeit gegen bestimmte Schädlinge und Herbizide (Unkrautvernichtungsmittel) erhöht werden, sollen Tiere und Pflanzen an extreme Umweltbedingungen angepasst werden. Pflanzen und Tiere werden gewissermaßen „umgebaut“.

In der Produktion von Nahrungsmitteln werden Manipulationen am Erbgut von Pflanzen und Tieren schon länger vorgenommen. So sind bei uns z. B. gentechnisch veränderte Sojaprodukte auf dem Markt. Die Sojapflanze wurde gegen ein Herbizid widerstandsfähig gemacht. Dadurch wurde der Ertrag der Pflanze erhöht. Bei Mikroorganismen hatte man die Eigenschaft der Resistenz gefunden und sie dann aus diesen auf die Sojapflanze übertragen. Die eingesetzten Unkrautvernichtungsmittel greifen nunmehr nur noch die Unkräuter, nicht aber die Nutzpflanze selbst an. Der Ertrag konnte drastisch gesteigert werden.

In der sogenannten „Antimatsch-Tomate” (sie bleibt ausgereift länger bissfest) wurde die Erbinformation der Tomate so verändert, dass die Bauanleitung für das Enzym, das den Prozess des Matschigwerdens verursacht, unleserlich gemacht worden ist. Gentechnisch veränderte Nahrungs- und Futtermittel müssen seit 2003 als solche gekennzeichnet werden.

Pflanzen können aus Pflanzenteilen, z.B. einem Blatt oder einem Zweig, nachgezogen werden. Solche Ableger sind hinsichtlich ihres Erbgutes identisch. Eineiige Zwillinge haben ebenfalls ein identisches Erbgut.

Geschichte des Klonens

1875	Der deutsche Biologe Oskar Hertwig beschreibt die Verschmelzung von Ei- und Samenzelle beim Seeigel. Die Wissenschaft beginnt mit der Untersuchung der Embryonenentwicklung.
1901–1902	Hans Spemann klont einen Molch durch Embryo-Splitting (künstliche Schaffung von Zwillingen). Damit ist bewiesen, dass die Embryo-Zellen in einem frühen Stadium alle für das Leben notwendigen Erbinformationen tragen.
1928	Hans Spemann erzeugt den ersten Wirbeltier-Klon, indem er mit einem Haar die Zygote eines Wassermolchs einschnürt. Im 16-Zell-Stadium wandert einer der Zellkerne in den abgeschnürten kernlosen Teil über. Danach trennt Speemann die beiden Teile endgültig voneinander. Aus beiden Teilen entwickeln sich nun Molchembryonen.
1938	Spemann wird mit dem Nobelpreis geehrt.
1951–1952	Das erste eigentliche Klonen: Die amerikanischen Wissenschaftler Robert Briggs und Thomas J. King klonen Froschembryonen, indem sie Kerne aus embryonalen Froschzellen entnehmen und in entkernte Eizellen transplantieren. Sie stellen fest, dass das Klonen mit zunehmendem Alter der Spenderkerne schwieriger wird.
1953	Entschlüsselung der DNA-Struktur.
1966–1974	John Gurdon schafft den Durchbruch: Er klont Kaulquappen aus Darmwandzellen erwachsener Krallenfrösche. Somit ist es erstmals gelungen, ein neues Lebewesen aus einer Körperzelle entstehen zu lassen.
1970*er*	Was bei Amphibien gelang, wird nun bei Säugetieren ausprobiert. Wegen der bereits sehr frühen Spezialisierung der Maus-Embryozellen gelingen die Experimente bei Mäusen nicht, deshalb Arbeit mit Schafen.
1986	Steen M. Willadsen stellt durch Kerntransfer mittels embryonaler Stammzellen erstmals ein geklontes Schaf her.
1993	Jerry Hall weist nach, dass sich menschliche Embryonen durch Embryosplitting klonen lassen.
1996–1997	Ian Wilmut und Keith Campbell klonen das Schaf Dolly als erstes Säugetier, das aus einer erwachsenen Körperzelle entstanden ist. Dazu wurden entkernte Eizellen mit Euterzellen fusioniert und in die Gebärmutter einer Leihmutter eingepflanzt.
1997	L. Meng klont mittels Kerntransfer einen Primaten.
1998	In kurzer zeitlicher Abfolge gelingt nun auch das Klonen von Mäusen, Rindern, ... Damit bestehen rein technisch auch für das Klonen von Menschen keine Hindernisse mehr.

Klonen – Möglichkeiten und Einschränkungen

Beim Klonen wird im Gegensatz zur Gentechnik keine Manipulation (Veränderung) am Erbgut vorgenommen. Klonen meint das ‚Herstellen' eines zweiten, identischen Lebewesens. Die Technik des Klonens wird in der Forschung schon lange benutzt. Gleiches gilt bei der Nutztierproduktion. Für Furore sorgte das erste geklonte Lebewesen, das Schaf ‚Dolly'. Dolly ist das erste Tier, das eine Kopie eines lebenden darstellt. Dabei wurde aus einer Euterzelle eines erwachsenen Tieres und einer unbefruchteten Eizelle ein genetisch identischer Nachkomme gezüchtet. Mit Rindern wurde in Japan Ähnliches durchgeführt. Jedes europäische Land hat bislang eigene Regelungen. So ist in Deutschland das Klonen von Menschen und deren Zellen nach dem Embryonenschutzgesetz verboten. In Großbritannien darf mit menschlichen Embryonen bis zum 14. Tag geforscht werden. Eine gesamteuropäische gemeinsame Regelung gibt es bisher nicht. In den USA ist die Forschung mit menschlichen Embryonen erlaubt, diese dürfen allerdings nicht eigens zu diesem Zweck gezüchtet werden. Gemeinhin gilt, dass veränderte Embryonen nicht wieder einer Frau eingepflanzt werden dürfen. Einige Länder (z. B. Südkorea) erlauben bereits das therapeuthische Klonen. Damit ist gemeint, menschliche Embryonen so weit zu züchten, dass eine Gruppe von Stammzellen entsteht. Diese Zellen, gentechnisch verändert, können dann für medizinische Behandlungen verwendet werden.

➲ Aufgabe

Mache dir Gedanken, warum das Klonen gesetzlich eingeschränkt wurde und notiere sie stichwortartig (Mindmap).
Gleiche deine Gedanken mit einem Nachbarn ab und recherchiert weitere Gründe.
Diskutiert, welcher Grund der wichtigste ist und nummeriert dann eure Gründe durch. Der wichtigste Grund bekommt die Nummer 1, der zweitwichtigste die Nummer 2, usw.

Unsere wichtigsten Gründe:

Nr. 1	Nr. 2	Nr. 3
Nr. 1 ist ein wichtiger Grund, weil:	*Nr. 2 ist ein wichtiger Grund, weil:*	*Nr. 3 ist ein wichtiger Grund, weil:*

Übertragt eure drei Hauptgründe und haltet fest, warum ihr euch für diese Reihenfolge entschieden habt.

Gruppenaufgaben

➲ Aufgabe 1

Teilt euch in zwei gleich große Gruppen auf.

Gruppe 1

Lest den Text und die Tabelle zur Gentechnik bei der Herstellung von Nahrungsmitteln auf dieser Seite.
Gestaltet Plakate, die eure Mitschüler über das Für und Wider von Gentechnik informieren.
Verwendet dazu Papier, das mindestens das Format DIN A3 hat, und achtet auf leserliche und ausreichend große Schrift – am Besten schreibt ihr mit einem breiten, dunklen Filzstift.

Gruppe 2

Lest den Text zur ökologischen Landwirtschaft auf der nächsten Seite.
Gestaltet Plakate, die eure Mitschüler über den Ökolandbau in Deutschland informieren.
Verwendet dazu Papier, das mindestens das Format DIN A3 hat, und achtet auf leserliche und ausreichend große Schrift – am Besten schreibt ihr mit einem breiten, dunklen Filzstift.

➲ Aufgabe 2

Stellt die Plakate der jeweils anderen Gruppe vor und besprecht eure Ergebnisse in der Klasse.

Gentechnik bei der Herstellung von Nahrungsmitteln

Gerade bei der Herstellung von Lebensmitteln wird Gentechnik vielfältig eingesetzt. Meist werden dabei Teile der Erbinformation von Pflanzen, Bakterien und Tieren in den Zellkern der Pflanze oder des Tieres übertragen. So werden Artgrenzen überschritten. Welche Auswirkungen dies hat oder haben kann, ist noch nicht bekannt. Die Tabelle gibt einen kleinen Überblick über Verfahren und die damit verbundenen Absichten sowie bekannte und mögliche Folgen und Risiken der so produzierten Lebensmittel.

	Erfolge	Gefährdung
Kartoffel	In Kartoffelpflanzen wurde ein Gen einer Flunderart eingepflanzt, die in arktischen Gewässern lebt. Dieses Gen macht diese Fische gegen Frost widerstandsfähiger. Absicht: Kartoffeln sollen nun auch in kälteren Landschaftsregionen angebaut werden können.	Dieses Fisch-Eiweiß in der Kartoffel kann für Menschen mit einer Eiweiß-Allergie lebensbedrohlich wirken. Die veränderten Kartoffeln müssten mit einem Warnhinweis versehen werden.
Mais	Auf Mais wurde ein Insektengift übertragen. Damit soll die Pflanze gegen den Schädling *Maiszünsler* immun werden. Vorteil: Einsparung von Pestiziden (Schädlingsbekämpfungsmitteln).	Das ‚eingebaute' Gift schädigt auch nützliche Insekten. Schädlinge könnten widerstandsfähig gegen das Gift werden. Das könnte dazu führen, dass noch mehr Pestizide gespritzt werden müssten. Ist in den USA zugelassen.
Reis	In Japan gelang, es eine Reissorte so zu verändern, dass sie nunmehr Vitamin A bilden kann. Hoffnung: In Asien herrscht Vitamin-A-Mangel. Dieser soll reduziert werden.	Den Reispflanzen wurde eine Antibiotika-Resistenz eingebaut. Dadurch soll messbar werden, ob der Gentransfer geklappt hat. Gefahr: Menschen könnten über den Reis gegen Antibiotika resistent werden. Bei schweren Verletzungen könnte der notwendige Einsatz von Antibiotika nicht mehr heilend wirken.
Sojabohnen	In das Saatgut von Sojabohnen und auch Raps wurde ein bakterielles Gen übertragen. Dadurch sollten die Nutzpflanzen gegen bestimmte Unkräuter widerstandsfähiger werden. Erfolg: Der Einsatz von Unkrautvernichtungsmitteln (Herbiziden) wurde um ein Viertel gesenkt.	Laufende Untersuchungen lassen befürchten, dass bei Kühen, die dieses Futtermittel erhalten, die Erzeugung des Milchfetts verändert wird. Grundsätzlich befürchten Fachleute, Ärzte und Umweltschutzverbände, dass beim Manipulieren auch nicht bekannte oder unerwünschte Fähigkeiten mitübertragen werden. So könnten Allergien zunehmen. Die Pollen gentechnisch veränderter Pflanzen können natürliche Pflanzen ‚verdrängen' – der erhöhte Einsatz von Herbiziden und Insektiziden könnte erforderlich werden.
Fisch	Genmanipulierte Lachse wachsen um ein Mehrfaches schneller als natürliche.	Die vergrößerten rasch wachsenden Fische zeigten Deformationen und waren kaum lebensfähig.
Milch	Durch Einpflanzen eines Wachstumhormons wurde die Milchleistung bei Kühen um ein Viertel erhöht.	Viele Kühe leiden unter Euterentzündungen und unter Fruchtbarkeitsstörungen.
Käse	In Pilze wird das Gen einer Kuh eingebaut. Nun bilden diese Pilze in großen Mengen den Hauptbestandteil von Lab. Vorteil: Dieses Gerinnungsmittel, das sonst nur Kühe in ihrem Magen erzeugen, hilft nun, Käse schneller und billiger herzustellen. In den USA wird die Hälfte des verkauften Hartkäses so hergestellt.	

Ökologische Landwirtschaft – Gegentrend zur Gentechnik?

Ökologische und biologische Landwirtschaft

Ökolandbau hat viele positive Auswirkungen auf den Erhalt der Artenvielfalt, den Bodenschutz und für den Klimaschutz. Bei Tierhaltung und Produktion gehen viele Öko-Bauern einen nachhaltigeren und umweltschonenderen Weg als konventionelle Hersteller. Die Tiere sollen artgerechter gehalten werden, mehr Auslauf erhalten, nicht mit Wachstumshormonen behandelt werden. Die ökologische Landwirtschaft verzichtet weitgehend auf den Einsatz von synthetischen Pflanzenschutzmitteln, Mineraldünger und Gentechnik, wie sie zum Teil in der konventionellen Landwirtschaft zum Einsatz kommen.

Bioprodukte boomen

Bei Lebensmitteln aus ökologischer Landwirtschaft spricht man von „Bio-Lebensmitteln". In der Europäischen Union ist der Begriff Bio-Lebensmittel gesetzlich definiert. Nur Produkte, die die gesetzlichen Kriterien erfüllen, dürfen als „Bio" bezeichnet und mit einem Bio-Siegel versehen werden.
Unterschiede im Genusswert und in gesundheitlichen Wirkungen zwischen konventionell hergestellten und Bio-Lebensmitteln waren Gegenstand zahlreicher Studien. Es gibt Untersuchungen, die einen höheren Gehalt an Vitaminen, Mineralstoffen, Spurenelementen und sekundären Pflanzenstoffen bei pflanzlichen Bio-Produkten nachgewiesen haben. Aber es gibt auch Untersuchungen, die keinen signifikanten Unterschied zwischen ökologisch und konventionell erzeugten Produkten festgestellt haben. Meist wiesen Bio-Lebensmittel weniger Rückstände von Pflanzenschutzmitteln und Cadmium und höhere Gehalte von einigen potentiell gesundheitsfördernden sekundären Pflanzeninhaltsstoffen, zum Beispiel Antioxidantien.
Die Nachfrage nach Bio-Lebensmitteln hat enorm zugenommen. Die Anzahl der Bio-Erzeugerbetriebe und die ökologisch bewirtschaftete Fläche unterliegen einem stetigen Wachstum. Dennoch ist der Anteil des ökologischen Landbaus an der gesamten deutschen Landwirtschaft jedoch nach wie vor relativ klein:

- Im Jahr 2018 lag die Anzahl der ökologischen Erzeugerbetriebe in Deutschland bei 31.713.
- Der Ökolandbau nimmt somit ca. 12 % der gesamten deutschen Landwirtschaft ein. 1996 waren es 1,3 %.
- Die 2018 bewirtschaftete Fläche betrug 1.521.314 Hektar, womit 9,1 % der in Deutschland landwirtschaftlich genutzten Fläche ökologisch bewirtschaftet wird. 1996 betrug der Anteil 2,1 %.

Ein Grund für den langsamen Zuwachs ist, dass die Umstellung auf Ökolandbau langwierig und teuer ist. Folglich kann in Deutschland die Nachfrage nach Bioprodukten nicht gedeckt werden. Ein hoher Anteil der Produkte stammt daher aus dem Ausland.

Typische Praktiken des Biolandbaus beinhalten:

- Mehrjährige Fruchtfolgen als Voraussetzung für eine effektive Nutzung von lokal verfügbaren Ressourcen
- Verbot der Verwendung chemisch-synthetischer Pflanzenschutzmittel und synthetischer Düngemittel sowie äußerst eingeschränkter Gebrauch von Tierantibiotika, Lebensmittelzusatzstoffen und Verarbeitungshilfsstoffen sowie anderen Zusatzstoffen
- Absolutes Verbot für die Verwendung von gentechnisch veränderten Organismen
- Nutzung von lokal vorhandenen Ressourcen wie z.B. Stalldünger zum Düngen oder hofeigenes Futter
- Auswahl von Pflanzen- und Tierarten, die krankheitsresistent und an lokale Bedingungen angepasst sind
- Aufzucht von Nutztieren in Freilauf- und Freilufthaltung sowie ihre Versorgung mit Biofutter
- Artgerechte Tierhaltungspraktiken, die auf die verschiedenen Tierarten abgestimmt sind

Biobauern respektieren das Wohl der Tiere durch:

- Förderung von Tiergesundheit und artgerechter Haltung
- Berücksichtigung spezieller Verhaltensbedürfnisse der Tiere

Wichtige Prinzipien für die Verarbeitung biologischer Produkte beinhalten:

- strenge Beschränkung der Zusatzstoffe und Verarbeitungshilfsmittel
- strenge Beschränkung chemisch synthetisierter Zusatzstoffe
- Verbot der Verwendung von gentechnisch veränderten Organismen (GVO)

➲ Aufgabe

Lies den Text aufmerksam und bearbeite folgende Aufgaben: Recherchiere die Gesetzeslage in Deutschland. Wäre das Experiment aus Portland in Deutschland erlaubt? Das Embryonenschutzgesetz findest du online.

Gentechnik als Mittel zur Selektion?

1999 sagte Professor Dr. Ernst Benda, ehemaliger Präsident des Bundesverfassungsgerichts, in einem Interview auf die Frage, welche Folgen Erfolge in der Genforschung haben könnten: „Die Gefahr besteht, [...] dass Arbeitsschutzmaßnahmen durch ‚Auswahl Unempfindlicher' ausgehöhlt werden könnten. Damit wäre dann – beispielsweise der chemischen Industrie mit ihrem hohen Gefährdungspotenzial – eine bequeme Möglichkeit eröffnet, sich aus ihrer Verantwortung zu stehlen."[1]
Neben der Befürchtung, dass Arbeitgeber statt auf Schutzmaßnahmen einfach auf genetisch robustere Mitarbeiter setzen könnten, könnten wiederum vermeintlich genetisch weniger geeignete Personen nicht eingestellt werden, was eine Form der Diskriminierung wäre.

Tatsächlich war es so, dass bei der US-amerikanischen Luftwaffe Anfang der Achtzigerjahre dunkelhäutige Bewerber von der Pilotenlaufbahn ausgeschlossen wurden. Zur Begründung wurden Ergebnisse der Genforschung angeführt: Amerikaner afrikanischer Abstammung würden häufiger an angeborener Blutarmut erkranken als Weiße.
Blutarmut kann zu Sauerstoffmangel führen. Der Pilot wäre dann nicht mehr reaktionsfähig genug, die Maschine zu steuern. Die Folge war, dass viele qualifizierte Bewerber nicht eingestellt wurden, obwohl der Armee Piloten fehlten. Jahre später wurde in Folgeuntersuchungen durch neue Ergebnisse der Genforschung nachgewiesen, dass diese Behauptung schlichtweg falsch war. Daraufhin wurde der Einstellungsstopp für dunkelhäutige Piloten zurückgenommen.

Genmanipulierte Menschen – längst Realität?

Die Auswahl bereits genetisch angepasster Menschen zu eigenen Zwecken ist eine Sache. Ein anderes Thema wäre es, gezielt Menschen mit veränderten Genen zu „züchten". Sei es, damit sie in bestimmten Bereichen überlegen wären, damit sie gewisse Krankheiten nicht hätten oder um ein gewünschtes Aussehen zu erreichen.
Aber geht das denn überhaupt? Die Antwort: Theoretisch ja. Die Gesetzeslage verbietet den Forschern eine praktische Umsetzung weitestgehend, vor allem in Deutschland ist das Embryonenschutzgesetz sehr streng.

2017 gelang es einem Forscherteam aus Portland (USA), im Labor künstlich gesunde Embryonen zu erzeugen, die bei natürlicher Entstehung einen Gendefekt gehabt hätten. Sie wären also ohne die sonst unheilbare erbliche Herzmuskelschwäche des Samenspenders geboren worden, wenn sie ausgetragen worden wären. Da das jedoch nicht erlaubt ist, mussten sie nach knapp fünf Tagen im Labor abgetötet werden.
Es gibt zwei hauptsächliche Gründe, warum diese gentechnische Manipulation (noch) nicht öfter praktiziert wird. Zum einen ethische Bedenken, zum anderen ist diese Technik namens ‚Crispr' bisher schlichtweg zu riskant und fehleranfällig, um sie in der Humanmedizin einzusetzen. Die Spätfolgen, die ein solcher Eingriff in die DNA haben könnte, sind nicht absehbar, könnten jedoch gravierend sein.
Noch ist die Technik nicht ausreichend erforscht und kontrollierbar. Jeder Fortschritt führt aber dazu, dass die Frage bezüglich ihrer Nutzung immer weniger „ob" lautet, sondern vielmehr „wann".

1 Rechtliche und ethische Perspektiven der Genforschung, in: c't, magazin für computer technik, Nr. 17/1999, S. 78.

Revolutionierte Krebsbehandlung durch Antikörper?

Als vor etwa 20 Jahren das Medikament Rituximab zugelassen wurde, setzten Ärzte große Hoffnungen in die neue Behandlungsmethode. Wolfgang Hiddemann vom Klinikum Großhadern in München vermutete sogar, dass sie eine neue Ära in der Krebstherapie einleiten könnte. Heute wird der Wirkstoff vorwiegend bei Lymphdrüsenkrebs eingesetzt.

Das Prinzip: Gentechnisch hergestellte Antikörper attackieren die Oberfläche einer Krebszelle. Das körpereigene Immunsystem zerstört dann die bösartigen Zellen.
Die Methode darf jedoch nicht eingesetzt werden, wenn der Patient sich zuvor mit Hepatitis B angesteckt hat, da dadurch die Krankheit reaktiviert werden kann. Außerdem kann Rituximab schwere Immundefekte auslösen, die Behandlung muss also genaustens überwacht werden.
Bei etwa der Hälfte der Patienten treten Fieber, Schüttelfrost, Atembeschwerden und Hautausschläge auf. Diese Beschwerden werden vermutlich durch Zytokine verursacht, die beim Zerfall der Krebszellen freigesetzt werden. Beim Rückgang der Krebszellen kam es meist zu einer Besserung dieser Symptome. Ebenfalls häufige Nebenwirkungen sind Infusionsreaktionen, Infektionen, ein Rückgang der weißen Blutkörperchen und Magen-Darm-Störungen.
Man kann keineswegs von einem Wundermittel sprechen, aber im Kampf gegen Krebserkrankungen könnte die Gentechnik auf lange Sicht durchaus hilfreich sein.

Das Automobil – und die Folgen?

In einem Zeichentrickfilm von 1955 wurde für den Kleinstwagen „Isetta“ so geworben:

> „Man müßte motorisiert sein, um mit dem Tempo unserer Zeit schritthalten zu können. Denn jeder, der Erfolg hat, hat es eilig und – ein Auto. Jeder? Nein! Nur zwei Prozent aller Arbeiter und Angestellten besitzen einen Wagen. Die anderen gehen zu Fuß oder fahren so. Kein Wunder, daß der arme Mann nur noch vom Auto träumen kann.“

Die Vision vom einfachen Mann, der das Auto nutzt, ist zur belastenden Wirklichkeit geworden.

Mobilität und ihre Folgen

Wie kein anderes Produkt in der Geschichte der Bundesrepublik boomte und boomt das private Fahrzeug, der Personenkraftwagen. Mobilität und Unabhängigkeit durch ein eigenes Fahrzeug wurden in Deutschland immer wichtiger: 1960 fuhren auf Deutschlands Straßen noch etwa 11 Millionen Pkw, im Jahr 2019 sind es bereits 47,1 Millionen.

- Wer im Jahr 2018 etwa 15.000 km mit seinem Pkw zurücklegte, gab dafür gut 1.740 Euro allein für Treibstoff aus (Annahme: Pkw, 8,0 l Benzin).
- 2018 stieß ein in Deutschland zugelassener Pkw im Durchschnitt 130 g Kohlendioxid pro Kilometer aus. Bei 10.000 km Fahrleistung sind das 1,30 Tonnen, bei 20 000 km schon 2,60 Tonnen Kohlendioxid.
- Die Sicherheit der Fahrzeuge und deren Technik wurde stetig verbessert, so sanken auch die tödlichen Unfälle erfreulicherweise drastisch. Dennoch: Im Jahr 2018 kamen in Deutschland 3.270 Menschen bei Verkehrsunfällen ums Leben, etwa 391.500 Menschen wurden verletzt, zehntausende davon bleiben dadurch lebenslänglich gezeichnet oder sind gar behindert.
- Weltweit werden über 1,3 Milliarden PKW gefahren, Tendenz steigend.

Eine Forderung der Europäischen Union

Neuwagen sollen in Europa ab 2021 durchschnittlich nur noch 95 Gramm Kohlendioxid pro Kilometer, das entspricht 3,6 l Diesel, bzw. 4,1 l Benzin ausstoßen dürfen, bis 2025 soll dies um weitere 15 %, bis 2030 sogar um 37,5 % reduziert werden. Dies wird auf die verschiedenen Hersteller heruntergerechnet. Anfang 2013 lag der durchschnittliche CO2-Ausstoß der deutschen Premiummarken bei etwa 150 Gramm pro Kilometer. Nur kleine Dieselmotoren und Hybridantriebe erreichen einen CO2-Ausstoß von etwa 100 Gramm oder geringer.

Die weltweite PKW-Flotte wächst – die CO2-Emissionen auch

Pkw und auch Lkw stoßen heute im Durchschnitt weniger Treibhausgase und Luftschadstoffe aus als noch 1995: die kilometerbezogenen bzw. spezifischen CO2-Emissionen bei Pkw sind um 15 Prozent zurückgegangen.

Das hat vor allem zwei Gründe:

- verschärfte Abgasvorschriften für neu zugelassene Pkw resultierten in Verbesserungen bei Motoren und Abgastechnik
- verbesserte Qualität des in Verkehr gebrachten Kraftstoffes

10 i

Da der Pkw-Verkehr aber zwischen 1995 und 2017 um knapp 18 % zugenommen hat, werden die bislang erreichten Fortschritte im Klima- und Umweltschutz teilweise wieder aufgehoben. Trotz aller Bemühungen sind aufgrund der schieren Masse an Pkw die gesamten CO2-Emissionen des Pkw-Verkehrs zwischen 1995 und 2017 um 0,5 % gestiegen.

Viele Fachleute und vor allem Umweltverbände fordern sogar schärfere gesetzliche Vorgaben. Sehr wichtig wäre außerdem eine Förderung des ÖPNVs (Öffentlicher Personennahverkehr), damit dieser attraktiver und erschwinglicher wird. Das Angebot muss ausgebaut werden, vor allem in ländlichen Gebieten, damit es die Fahrt mit dem Auto häufiger ersetzen kann. Interessant ist aber, dass viele Menschen bereits für sich erkannt haben, dass sie durch ihr Kaufverhalten, durch das Überdenken ihrer Verhaltensweisen, mehr Verantwortung übernehmen können.

Ein einfaches Beispiel: Durch das Verändern des Fahrverhaltens können bis zu 20 Prozent Treibstoff eingespart werden. Wer also mit seinem Pkw bislang acht Liter verbraucht hat, könnte dies um über einen Liter, ja bis zu eineinhalb Liter reduzieren. Auch wäre zu überlegen, ob wirklich jede Fahrt nötig ist und ob man nicht stärker auf öffentliche Verkehrsmittel bzw. das Fahrrad zurückgreifen kann oder sich nicht auch manche Strecke zu Fuß bewältigen lässt. Die zusätzliche Bewegung wirkt sich auch positiv auf die Gesundheit aus.

Das Drei-Liter-Auto – eine alte Idee

In den 1990ern forderten Fachleute die Autoindustrie auf, rasch ein Drei-Liter-Auto zu entwickeln, um die Umweltbelastungen zu reduzieren. 1999 kam mit dem „Lupo“ von VW das erste Modell eines Kfz-Konzerns auf den Markt, das Prinzip konnte sich jedoch nicht durchsetzen.

Elektroautos – eine neue Hoffnung?

Wie der Name schon sagt, werden Elektroautos elektrisch angetrieben. Dadurch stoßen sie beim Betrieb keine Emissionen aus, weswegen sie als emissionsfreie Fahrzeuge eingestuft werden. Der heilige Gral der Zukunftsmobilität also?

Man darf dabei allerdings nicht vergessen, dass bei der Stromerzeugung im Kraftwerk sowie bei der Herstellung des Fahrzeugs und insbesondere des Akkus sehr wohl CO2 ausgestoßen wird. Die Bilanz fällt allerdings trotzdem deutlich besser aus, als bei herkömmlichen Fahrzeugen mit Verbrennungsmotor.

Im Vergleich sind Elektroautos wesentlich leiser, was Segen und Fluch zugleich ist. Einerseits wird so der Verkehrslärm verringert, andererseits steigt das Unfallrisiko, weil andere Verkehrsteilnehmer die Autos schlichtweg nicht hören.

Das Hauptproblem liegt allerdings gegenwärtig in den verwendeten Lithium-Akkus. Diese halten nur etwa acht Jahre, sind relativ teuer in der Herstellung, was sich natürlich auf die Fahrzeugpreise auswirkt, und schwer zu recyclen. Obwohl die Reichweite und die Ladedauer schon deutlich verbessert werden konnten, besteht bei Langstrecken die Schwierigkeit, dass es noch zu wenig Ladestationen gibt und das Aufladen länger dauert als das Tanken. Ein Ausbau der Lademöglichkeiten und weitere Forschung an den Akkus könnten jedoch in nicht allzu ferner Zukunft zu einem elektrisch dominierten Verkehr führen, der die Umwelt entlastet.

Info 11 Schreiben – Gestalten

Schreiben mit Fantasie und Übersicht

In diesem Heftteil werden einige Möglichkeiten beschrieben, wie du mit eigenem Schreiben die Handlung und wichtige Themen in *Die Physiker* erschließen kannst.

Das Tagebuch

So kann ein Tagebucheintrag beginnen:

„Liebes Tagebuch,
heute habe ich mit meiner Freundin einen heftigen Streit über die Fete letzten Samstag gehabt. Sie ist verärgert, weil ...“

„Heute ist etwas Wunderbares geschehen ...“

Weshalb führt man ein Tagebuch?

Auf die Frage, weshalb sie Tagebuch führen, antworten viele, dass sie ihrem Tagebuch all ihre Probleme mitteilen könnten. Das Tagebuch sei wie ein guter Freund, der zuhöre und dem alles anvertraut werden könne. Schöner und genauer kann man nicht erklären, wofür ein Tagebuch gut ist.

Ein Tagebuch ist auch eine Erinnerung an all das, was du getan und erlebt hast, was dich gefreut oder bedrückt hat. Beim Erinnern überlegt du, suchst nach Lösungen, machst dir Gedanken, was zu tun ist.

Schriftsteller benutzen übrigens die Form des Tagebuches sehr gerne. Denn damit können sie gut und anschaulich die Gefühlslage einer Figur z. B. innerhalb eines Romans darstellen. Der Leser erfährt auf diese Art genau, was alles geschehen ist und kommt so dieser Romanfigur sehr nahe.

Das Schreiben eines Tagebucheintrags ist deshalb auch eine schöne Möglichkeit, sich in die Gedanken einer Figur aus einer Erzählung oder einem Theaterstück hineinzuversetzen. Dabei kannst du, ohne strenge Gliederung, aus der Sicht der Figur heraus fühlen, denken und schreiben.

Du wirst auf diese Art und Weise selbst ein wenig zum ‚Schriftsteller‘ und benutzt dessen Figur auch, um Gedanken mitzuteilen, die im Stück selbst nicht ausgesprochen werden. Du wirst zur Roman- oder Dramenfigur, du handelst, fühlst, wie diese Figur handeln könnte.

Merkmale eines Tagebucheintrages

- Der Tagebucheintrag selbst ist an keine Person gerichtet, sondern an das Tagebuch. Er ist deshalb wohl die intimste Schreibform.
- Die Schreibweise ist nicht geordnet wie in einem Erörterungsaufsatz. Die Gedanken darüber, was am Tag (oder in der Woche) passiert ist, können sprunghaft sein.
- Neben der Erinnerung an Vergangenes kann auch ein Blick in die Zukunft gewagt werden. Dabei werden Gedanken gerne mit selbst gestellten Fragen eingeleitet: *„Warum ist es so gekommen?“* oder: *„Wo führt das noch hin?“*
- Auch die Anrede „du“ kann benutzt werden: *„Was hättest du getan?“* – der Schreiber führt ein Selbstgespräch mit einem gedachten Gesprächspartner.
- Es ist denkbar, dass am Ende ein Vorsatz gefasst wird oder eine Absicht steht.

Briefe schreiben

Der sachliche Brief

Er informiert den Adressaten über Ereignisse und gibt Antworten auf Anfragen. Deshalb wird vor dem eigentlichen Inhalt in ein bis zwei Zeilen auf das Anliegen oder auf das Thema hingewiesen. Ein Hinweis auf den Bezug muss hergestellt werden.

Der sachliche Brief hat eine festere Form und inhaltliche Abfolge:

- Hinweis/Bezug
- förmliche, höfliche Anrede
- Begründung, weshalb man sich an diese Stelle, Person oder Einrichtung wendet
- Vorstellung des Verfassers (Absenders) und des Anliegens
- kurze und genaue Erklärung der Vorfälle und Hintergründe
- abschließende Bewertung, die zur Bitte oder zum Vorschlag (Handlungsaufforderung) hinführt
- Bitte um Stellungnahme oder Verwendung für das vorgetragene Anliegen
- Dank für die Bereitschaft
- ein dem Adressaten angemessener Gruß (Schlussformel)

Der persönliche Brief

Persönliche Briefe schreiben wir gerne an uns vertraute Menschen. Ihnen können wir uns mitteilen und unsere Gedanken und Nöte anvertrauen. Wir erwarten, dass sie uns antworten.

Der persönliche Brief hat eine freiere Form und weniger gegliederte Abfolge:

- Der Brief beinhaltet vor allem das, was den Schreiber, die Schreiberin gerade beschäftigt.
- Dazu ist es wichtig, dem Empfänger mitzuteilen, was seit dem letzten Brief/Besuch/Gespräch alles geschehen ist.
- Auch über gemeinsame Erlebnisse oder Meinungsverschiedenheiten kann man sich in Briefen gut austauschen.
- Wenn du auf einen Brief antwortest, musst du ansprechen, worauf du Bezug nimmst: *„In deinem letzten Brief hast du erwähnt, dass …“, „Seitdem ist Folgendes geschehen …“*
- Der Briefempfänger muss sich in dich hineinversetzen können. Dazu muss erzählend berichtet werden, was geschehen ist, welche Ereignisse dich beschäftigen oder was dein Anliegen ist.

Der innere Monolog

Der innere Monolog legt auf sehr persönliche Art das Innere eines Menschen offen. Es gibt keinen Adressaten wie im Tagebuch oder im Brief. Der innere Monolog ist ein Selbstgespräch, das jemand mit sich selbst führt, wenn etwas Wichtiges geschehen ist.
Kinder führen gern Selbstgespräche zum Zeitvertreib, in denen sie sich selbst mit ‚du‘ ansprechen. Dabei erklären sie sich neue Dinge, sie machen sich Mut. Auch Erwachsene verwenden diese Form, um Probleme zu überdenken oder wichtige Entscheidungen abzuwägen. Dabei sind sie oft in einer Konfliktsituation.
In der Literatur finden wir den inneren Monolog dort, wo das Innere, das Denken und Fühlen einer Figur verdeutlicht werden soll. Er kommt oft in Schauspielen am Bühnenrand vor – moderne Jugendbücher und Romane benutzen mehrere Formen des inneren Monologs.

Gestaltungshilfen für einen inneren Monolog

- Der Figur gehen widersprüchliche Gedanken und Gefühle durch den Kopf. Sie entwickeln sich aus dem Nachdenken und Fühlen und sind nicht geordnet oder gegliedert. Die Gedanken werden so formuliert, wie sie in den Sinn kommen. Um eine direkte Wirkung zu fördern, wird die 1. Person verwendet: *„Ich bin unglücklich ...“*.
- Der Satzbau ist wie beim Nachdenken kurz und aneinandergereiht. Er kann unvollständig sein. Dennoch sollte die Gedankenkette für den Leser nachvollziehbar bleiben, denn ein willkürliches Durcheinander führt dazu, dass der Leser nicht mehr folgen kann.
- Da es keinen Erzähler gibt, der vorausgehende Ereignisse wiedergibt, musst du diese in Gedankenform als Rückerinnerung einbringen. Dies braucht nicht vollständig und in zeitlich geordneter Reihenfolge zu geschehen.
- Beim Erinnern an Ereignisse oder Gegenstände werden Gedanken und Gefühle ausgelöst: *„Diese Hände, diese Vorhangschnur, warum habe ich das getan?“* (Möbius nach seinem Mord)
- Es werden Fragen an sich selbst gestellt: *„Wie konnte das geschehen ...?“*
- Der Nachdenkende versucht, zu einer Entscheidung oder Lösung zu kommen. Diese rechtfertigt er gewissermaßen vor sich selbst.

Ideen wollen geweckt und geordnet sein

Allen Schreibformen ist gemeinsam, dass der oder die Schreibende in die Situation und in das Empfinden der Person (oder der Figur) hineinfinden muss. Das Berücksichtigen der bisherigen Handlung ist dabei unerlässlich. Deshalb sollte vorab stichwortartig gesammelt und geordnet werden, was über die Vorgänge bekannt ist. Die folgenden Methoden stellen Wege vor, die ihr ausprobieren solltet. Versucht die Rolle der Figur einzunehmen, an deren Stelle ihr schreibt.

Die Einstimmung

- Schaut euch zur Einstimmung, wenn vorhanden, ein Bild der Figur an.
- Versucht, die Gefühle dieser Figur nachzuempfinden. Wie fühlt sie sich gerade, woran könnte sie denken, welche Erinnerungen gehen ihr durch den Kopf?
- Probiert aus:
  Geht im Zimmer umher und sprecht leise vor euch hin.
  Sucht euch eine gemütliche, entspannte Sitzhaltung.
- Lest einige Szenen noch einmal.
- Schließt die Augen und versucht, euch Bilder vorzustellen. Zunächst Bilder der Personen, des Ortes ... Vielleicht geratet ihr so in eine Art ‚Film‘.
- Versucht auch, aus Sicht der Person an die nächste Zukunft zu denken.
- Sanfte Musik mit ruhigem Rhythmus, am besten ohne Gesang, kann euch dabei helfen.
- Haltet eure Erinnerungen und Vorstellungen stichwortartig fest.

Die Mindmap

Die Übersetzung ‚Gedankenkarte' verdeutlicht, dass Sinn und Zweck einer Mindmap das Ordnen ist. Mit Mindmaps kann man den Inhalt einer Erzählung oder eines Sachtextes übersichtlich und anschaulich, dabei dennoch in Kürze wiedergeben. Deshalb wird das Mindmapping gerne zum Ordnen sowie zum Lernen und Behalten eingesetzt. Auch, um sich über Figuren und deren Haltungen einen Überblick zu verschaffen, sind Mindmaps eine Hilfe. Eine Mindmap zu einer Person oder Figur hilft sehr, sich deren Charakter zu verdeutlichen:

Vorgehensweise bei Personen

- In der Mitte eines leeren Blattes schreibt ihr den Namen der Person, z. B. MÖBIUS und kreist ihn ein. Um den Namen herum schreibt ihr verschiedene Oberbegriffe, wie *Charakter, Familie, Lebensweg, Absichten, Handlungen*.
- Zu jedem Oberbegriff haltet ihr stichwortartig fest, was euch einfällt.

Bilder unterstützen das Erinnern und erleichtern das Zuordnen; Kernaussagen der Figur ergänzen die Übersicht. Du darfst dazu in einer Mindmap Symbole (z.B. ♥ für Liebe, ✝ für verstorben) verwenden, um zum Beispiel auch Beziehungen darzustellen.

Vorgehensweise bei Sachfragen oder Problemen

- Das Problem oder die Sachfrage wird in den Kreis geschrieben, z. B. *Folgen der Physik*
- Zunächst schreibt ihr darunter verschiedene Oberbegriffe, wie *Erfindungen, Technik, Chancen, Gefahren*.
- Zu den Oberbegriffen haltet ihr stichwortartig fest, was euch einfällt.

Es bietet sich an, eine ‚gewachsene' Mindmap nach einiger Zeit neu zu ordnen, wenn ihr erkennt, dass eine neue Gruppierung oder Anordnung übersichtlicher ist oder Gegensätze besser verdeutlicht werden sollten. Das Ordnen hilft somit, solche Beziehungen spielerisch herauszufinden und auszuprobieren.
Beziehungen (Ergänzung, Widerspruch, Gegensatz) lassen sich gut durch Pfeile (Gegensatzpfeil, Folgenpfeil etc.) oder Symbole (Blitz, strahlende Sonne etc.) ergänzen.

Formen der Mindmap

Die Heugabel

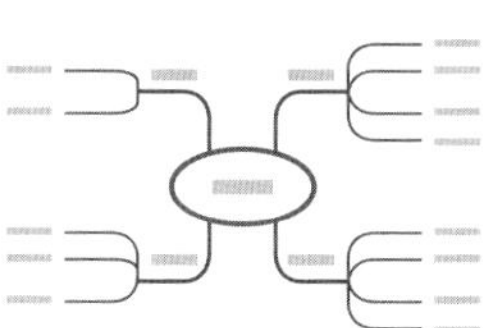

Jeder Oberbegriff entspricht dem Zacken einer Heugabel. Daher der einprägsame Name.

Das Fischgrätenmodell

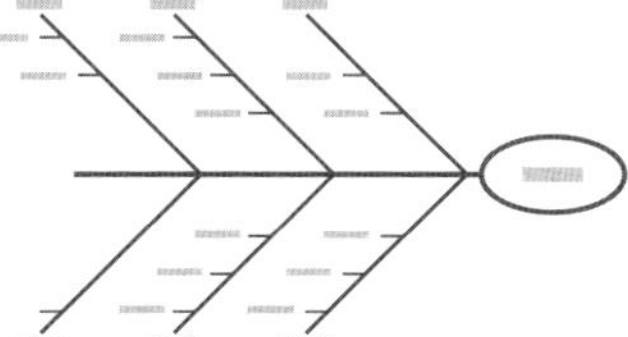

Es werden entlang der Hauptgräte links und rechts Gedanken als ‚Gräten' festgehalten.

Die Baumform

Der Stamm verzeigt sich in Hauptäste, die sich immer feiner verzweigen.

Mindmaps sind vor allem in der Gruppe von Vorteil

- Mindmapping in der Gruppe kann zu reichhaltigen Lösungen führen, denn jeder bringt sein Wissen und seine Meinung ein: Jeder profitiert von jedem.
- Beim Anfertigen einer ‚Gruppenmindmap' können verschiedene Lösungen nebeneinander aufgehängt werden.
- Beim gemeinsamen Anfertigen und Gestalten können unterschiedliche Lösungsvorschläge und Anordnungen offen besprochen werden.

Clustern

Eine weitere bewährte Möglichkeit bietet das sogenannte Clustern. Diese Methode geht ebenfalls davon aus, dass es wichtig ist, sowohl sein Gedächtnis als auch Sinne wie Hören, Sehen und Fühlen zu aktivieren. Viele Erinnerungen und Ideen sind in unserem Gehirn nicht als Wörter und Sätze, sondern als Bilder und Eindrücke gespeichert. Diese ‚zu wecken' ist das Anliegen des ‚Clustern'. Dabei ist es ein guter Weg, einen Schreibanfang zu finden.

Die Einfälle werden in Form einer ‚Gedankentraube' (engl. *cluster*: Anhäufung, Traube, Bündel) festgehalten.

So entsteht die Traubenform:

- In die Mitte eines Blattes (Querformat) schreibst du ein **starkes Kernwort** (z. B. *Gentechnik)* oder eine starke Empfindung (z. B. *Warum war er so?).*
- Jeden Einfall hältst du getrennt fest und er wird in einen eigenen Kreis geschrieben. Die neu gefundenen **Oberbegriffe** (z. B. *Chancen* oder *Gefahren*) werden durch Linien mit dem **Kernwort** verbunden.
- **Begriffe** oder **Ideen,** die zu einem bereits festgehaltenen Kreis passen (z. B. *höherer Ertrag* oder *teilweise unklar*), werden um diesen herum aufgeschrieben, ihrerseits umrandet und mit dem dazugehörenden Oberbegriff durch eine Linie verbunden.
- Natürlich ist es sinnvoll, zur Kontrolle und Ergänzung des Clusters einige Textstellen nachzulesen.
- Benutze auch vorhandene Notizen oder Aufschriebe (evtl. Arbeitsblätter), in denen du die Person beschrieben oder Ereignisse festgehalten hast.

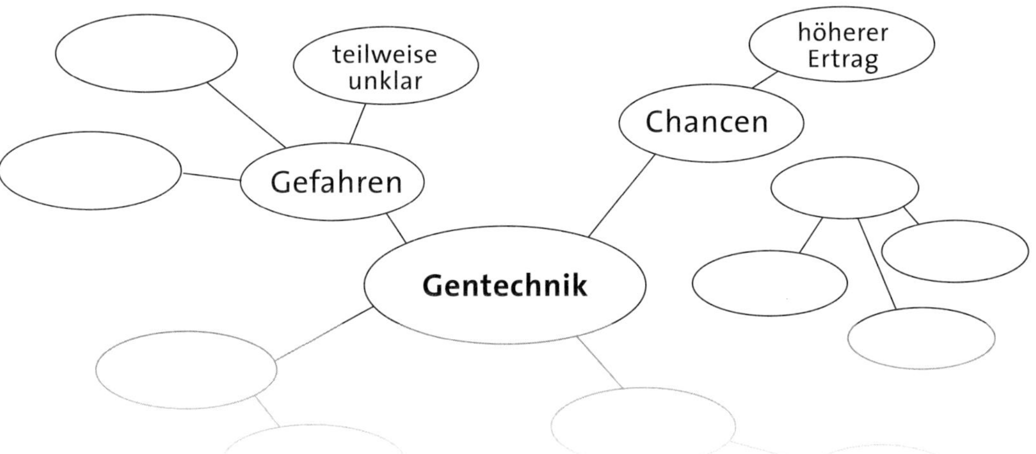

Die Traube (das Bündel), das dir am wesentlichsten erscheint, ergibt die Einleitung, das Kernanliegen, z. B. für einen zu verfassenden Brief oder inneren Monolog. Markiere ihn rot. Nicht alle Themen und Ereignisse, die du festgehalten hast, müssen angesprochen werden. In einem Brief können zum Beispiel Schwerpunkte gesetzt werden. Markiere daher die Kreise bzw. Bündel grün, die du verwenden möchtest. Zur Erleichterung der Gliederung kannst du auch durchnummerieren.

Dialogisieren – eine Szene zum Drama ergänzen

Um eine zusätzliche Szene zu einem Drama zu verfassen, musst du dich gut mit der Form des dramatischen Textes auskennen. Dramatische Texte haben im Vergleich zu epischen Texten (z. B. Romane und Märchen) einige Eigenarten.

Sprechsituation und Figurenrede

Ein Drama hat keinen Erzähler. Alles, was geschieht, wird in Rede und Gegenrede oder durch Einwürfe von Personen (Figuren) mitgeteilt. Lediglich Regieanweisungen kommen zu den Dialogen hinzu. Sie erklären, wie eine Figur zu spielen ist oder wie und wohin sie sich auf der Bühne bewegt. Deshalb muss alles, was für den Leser oder Betrachter wichtig ist, in Aussagen oder Dialogen der Figuren mitgeteilt werden.

Um Ereignisse einzubringen, die zeitlich vor der Szene spielen, wird gerne der sogenannte **Botenbericht** benutzt: Eine Figur erzählt, was geschehen ist.

Ereignisse, die gleichzeitig, aber an einem anderen Ort stattfinden, werden durch den **Fensterblick** erzählt: In einer Zugszene, kann jemand beim Hinausschauen aus einem Zugfenster ein Ereigniss (z. B. einen Unfall oder ein Treffen) beobachten.

Aufbau

Ein neues Ereignis, eine Wendung wird durch Regienanweisungen eingeführt, die alle wichtigen Gegebenheiten erklären: Ort, Personen, Situation.

Natürlich könnte darin auch eine täuschende oder verwirrende Spur gelegt werden. Komödien, und vor allem Kriminalkomödien, werden dadurch interessant.

Vor dem Schreiben

Berücksichtige beim Schreiben die Vorgeschichte. Du musst dir überlegen:

- Was ist zuvor geschehen? Was haben die Figuren erlebt?
- Wie sind die Charaktere der Figuren? Was habe ich über sie erfahren?
- In welcher Lage sind die Figuren im Moment?

Zum Beispiel:

Frau Möbius (Rose):	Sie verlässt den Menschen, für den sie sich jahrelang aufgeopfert hat.
Die Kinder:	Sie haben ihren Vater als Verwirrten erlebt, der über den König Salomo faselt und aufbrausend ist.
Missionar Rose:	Er hat seine Frau in der schweren Abschiedsbegegnung mit ihrem ehemaligen Ehemann Möbius erlebt.

Ahme die Charaktere nach

Durch die bisherige Handlung haben die Figuren Formen angenommen. Diese müssen berücksichtigt werden. Natürlich können, wenn geeignet und passend, eigene ergänzt werden.

Komme direkt zum Thema

Der Beginn einer Szene ist besonders wichtig. Der Dialog muss rasch und ohne Umwege zur Sache kommen. Du kannst mit einer Bemerkung von Frau Rose (ehem. Möbius) beginnen: *„Mein Gott, ich bin so verwirrt."* Auch eines der Kinder könnte den Anfang machen: *„Was meinte Vater mit König Salomo?"*

Entwickle eine straffe Handlung und beachte, dass sich das Gespräch auf Wesentliches konzentiert.

11 

➲ Aufgabe

 Eine kreative Schreibaufgabe

Familie Rose befindet sich im Anschluss an die Verabschiedung von Möbius auf der Fahrt nach Bremen. Es entsteht ein Gespräch über die Ereignisse in ›Les Cerisiers‹ und über Möbius. Lies die Hinweise auf den folgendenden beiden Seiten aufmerksam und verfasse diese Szene.

 Tipps

Greife auf Aufschriebe und Arbeitsblätter zurück. Mindmaps oder Cluster zu den einzelnen Figuren sind eine gute Vorarbeit.

In der Aufgabe (S.9) wird der Einstieg in den Dialog vorgegeben. Damit wird auch bestimmt, dass über die mögliche Krankheit von Möbius, sein Verhalten beim Abschied und über seine Aggressivität gesprochen werden muss. Dieses Thema gibt somit die Dialogführung vor.

Frau Rose zu Missionar Rose: *„Was hältst du denn von der ganzen Sache, jetzt einmal objektiv betrachtet?"*

Ein Kind: *„Was fehlt unserem Vater eigentlich?"*

In beiden Fällen müssen die anderen Figuren nun Bezug auf das Angesprochene nehmen. In der bisherigen Handlung lassen sich dazu Hinweise und Spuren finden:

- Ist Möbius grundsätzlich aggressiv?
- Was hat die Ärztin Zahnd mitgeteilt, was hat Inspektor Voß erfahren?
- Wie habe ich Möbius bisher erlebt?

Szenisches Spielen – ‚Ausprobieren' der Szene

Hinweise

Achtung:
Du hast durch das Weiterlesen bereits erfahren, dass Möbius ‚seine Krankenschwester' Monika umbringt. Das wissen die im Zug Fahrenden nicht!

Übrigens:
Dürrenmatt hat einige Male selbst sein Stück inszeniert und anschließend Szenen umgeschrieben.

Eine gute Ergänzung zu eigenem Dialogisieren ist das Ausprobieren der neuen Szene mit Klassenkameraden/-innen. Verteilt vorab die Rollen. Beobachter machen während des Spiels Notizen, ob sie der Handlung folgen konnten und die Ereignisse verstehen. Anschließend besprechen die Spieler und Beobachter, was ergänzt oder wodurch eine andere Wende gestaltet werden könnte. So können verschiedene Varianten spielerisch ausprobiert werden.

Da der weitere Fortgang des Stücks (noch) nicht bekannt ist, gibt es viele Möglichkeiten. Entwickle durch deine Szene eine davon. Besonders interessant wird es sein, wenn sich Schreibgruppen mit unterschiedlichen Szenen zu einer kleinen ‚Schreibkonferenz' treffen:

- Jede/r liest ihre/seine Szene vor.
- Tauscht eure Meinungen aus, welche treffender, ideenreicher ist.
- Besprecht, welche Deutung den bisherigen Ereignissen und den Figuren durch eure neue Szene gegeben wird.
- Diskutiert, welche weitere Entwicklung wohl tatsächlich stattfindet.

Zeitungstexte

In einigen Schreibaufgaben wirst du aufgefordert, einen Bericht oder Kommentar zu verfassen. Die folgenden Erklärungen helfen dir bei diesen journalistischen Schreibformen.

z.B. ➲ Aufgabe 2, S.12

Möglicher Aufbau einer Zeitungsseite

Tipps

Es ist sinnvoll, die Aufgaben zu verteilen: Headlines, Kurzbericht, Interview, Kommentar und Gestaltung.
Die Aufschriebe und Notizen zu deinen bisherigen Arbeitsblättern kannst du jetzt zum Schreiben nutzen.

❶ Schlagzeile (Headline und Subline)

Die Schlagzeile besteht aus der Hauptüberschrift und einer Unterüberschrift.
Beide fassen das Wesentliche zusammen. Dabei wird häufig durch die Wortwahl bereits eine erste Wertung vorgenommen (z.B. *Skandalöse Entscheidung im Fall ›Les Cerisiers‹*).

❷ Kurzbericht

Der Kurzbericht gibt einen Überblick über die Ereignisse in ›Les Cerisiers‹ bis zu dem Stand, an dem keine Verhaftungen erfolgen und männliche Wärter nun die Patienten bewachen. Alle W-Fragen *wer, wann, was, warum* und *wieso* werden kurz beantwortet. Bewerte hier jedoch nicht, formuliere knapp und sachlich.

❸ Interview mit Inspektor Voß

Inspektor Voß hat ermittelt. Aufgrund dieser Ermittlungen hat die Staatsanwaltschaft beschlossen, keine Strafverfolgung einzuleiten. Mit deinen Fragen musst du darauf hinarbeiten, weshalb dies nicht geschehen ist.
In Interviews werden auch gerne Hintergrundinformationen herausgestellt, die so nicht im Bericht stehen. Geschickte Reporter ‚holen' da manches heraus. Als Vorbereitung ist ein Rolleninterview, das du zusammen mit einer Mitschülerin oder einem Mitschüler aufzeichnest, sehr unterstützend. Einer spielt Inspektor Voß, einer/eine den Reporter/die Reporterin.

❹ Kommentar

Aus dem Deutschunterricht kennst du die Erörterung. Du weißt demnach auch, dass eine Erörterung ohne überzeugende Argumentation bei deiner Lehrkraft wenig Beifall findet. Bei einem Kommentar gilt dieses Prinzip auch.

Kommentare auf der Titelseite werden *Leitartikel* genannt, sie verfasst in der Regel ein leitender Redakteur oder gar der Chefredakteur. Er nimmt darin zu einem aktuellen Ereignis oder zu bestimmten Sachverhalten Stellung, indem er bewertet und kritisiert. Er nimmt also eine Position ein zu einer Sache oder zu einem Geschehen. Diese Position stützt der Redakteur oder Journalist mit Argumenten ab, um überhaupt ernst genommen zu werden.

Merkmale eines Kommentars

Allgemeines

- Ein Kommentar bezieht eine klare Position. Deshalb bauen **Argumente** aufeinander auf und werden **durch Belege untermauert**.
- Oft bezieht sich ein Kommentar auf eine **Meinung oder Haltung** von Personen, um diese zu widerlegen oder aufzugreifen.
- Ein Kommentar kann **Verhaltensweisen** von Personen aufnehmen und kritisieren.

Der Anfang

- Kommentare und Berichte sollen für den Leser vor allem interessant sein. Deshalb sprechen Journalisten gerne vom sogenannten ‚anfeaturen'. Darunter verstehen sie eine **ansprechende Überschrift** (‚Lead'), die den Leser motiviert, den Text zu lesen.
- **Der einleitende Satz** eines Kommentars weist auf das Ereignis, die Angelegenheit, um die es geht, hin und fasst das Vorgefallene kurz zusammen, ohne Spannendes vorwegzunehmen.

Das macht deinen Kommentar interessant

- Auffällige **Zitate** oder besonders markante **Stellungnahmen** wirken wie eine ‚Rutschbahn' in ihren Artikel. Dafür geeignet ist auch die Wiedergabe von Stimmungen.
- In der Überschrift kann auch eine interessante Frage gestellt werden, die im Kommentar beantwortet wird; so wird der Leser angelockt.

Das solltest du vermeiden

- Ein Kommentar nimmt Verhaltensweisen auf und kritisiert diese. Dennoch bleibt der Kommentierende in der **Kritik immer sachlich**.
- Persönliche Angriffe werden nicht unternommen. Das Aufzeigen von positiven Alternativen kann gleichzeitig zeigen, dass auch andere Lösungswege möglich sind.

Der Schluss

- Am Schluss steht meist ein Appell: eine Aufforderung, etwas zu tun, zu ändern oder zu unterlassen. Es können auch Lösungsmöglichkeiten oder Ausblicke in die Zukunft angeboten werden.

❺ Bild mit Bildunterschrift

Bilder in einem Zeitungsartikel erhöhen die Aufmerksamkeit noch vor dem Lesen. Dabei solltest du sehr gewählt vorgehen und dich auf aussagekräftige Bilder beschränken. Bildunterschriften werden häufig sehr vernachlässigt, indem nur noch einmal wiederholt wird, was im Bild zu sehen ist. Gute Bildunterschriften liefern dem Leser einen Mehrwert, indem sie seine Fragen beantworten und auf neue Zusammenhänge hinweisen.

Hinter den Kulissen

➲ Aufgabe 1 – Die Theaterzeitung/Das Programmheft

Eine Theaterzeitung oder ein Programmheft stellt ein Bühnenstück auf lebendige Art und Weise vor. Sie verrät nicht alles, denn sie will ‚Appetit' machen. Die Theaterzeitung enthält in der Regel Hintergrundinformationen zum Autor und über das, was er möglicherweise mit dem Stück sagen will oder wollte. Gerade bei einem Stück wie Dürrenmatts *Die Physiker* wird eine Theaterzeitung auch Hinweise enthalten, warum das Stück heute noch so wichtig ist, denn seine Entstehungszeit liegt viele Jahre zurück.

a) Sammelt in der Gruppe auf einem großen Blatt Vorschläge und Ideen, welche Themen im Programmheft enthalten sein können. Bewertet die Vorschläge jetzt noch nicht. Jede Idee darf gesagt und notiert werden.
b) Fasst nun ähnliche Ideen zusammen und versucht, Überschriften zu finden. Entscheidet nun gemeinsam, welche Themen Platz in eurem Programmheft finden sollen.
c) Recherchiert in der Schulbibliothek und im Internet zu euren Themen. Dabei könnt ihr jeweils einen Spezialisten für ein Thema auswählen oder jeder recherchiert zu jedem Thema.
d) Gestaltet nun mit Mitteln, die euch zur Verfügung stehen, ein kleines Programmheft.

➲ Aufgabe 2 – Inszenierung und Bühnenbild

Ein Beispiel für ein Bühnenbild

Ein Dramaturg hat die Aufgabe, mit dem Regisseur und den Schauspielern ein Stück einzuüben. Dabei wird auch besprochen und schließlich festgelegt, ob es im Sinne des Autors gespielt werden soll (so wie es Text und Bühnenanweisungen mehr oder weniger vorschreiben) oder ob man es ‚aktualisiert', d.h. auf die Gegenwart, auf heutige Probleme Bezug nimmt. Das ist nicht so einfach, denn der Spieltext darf nicht geändert, allenfalls gekürzt werden! So bleiben dafür nur die sekundären Darstellungsmittel als Möglichkeit: Bühnenraum, Bühnenbild, Kostüme und Maske. Hinzu kommen Hilfsmittel wie Musik und Dias oder Filmszenen, die man einblenden kann.

a) Beratet in einer kleinen Gruppe, auf welche heutige Problematik oder welches aktuelle Thema ihr Bezug nehmen wollt.
b) Überlegt, wie und mit welchen Darstellungsmitteln eure Thematik aufgegriffen werden könnte.
c) Skizziert das Bühnenbild möglichst anschaulich und beschreibt es. Falls es die Zeit erlaubt, könnt ihr Teile des Bühnenbildes vielleicht auch modellartig herstellen.

➲ Aufgabe 3 – Fragen an den Dramaturgen

An vielen Theatern ist es üblich, interessierte Besucher in das Stück einzuführen, vor allem wenn es sich um Jugendliche handelt. Oft übernimmt der Dramaturg diese Aufgabe und hält dabei eine kleine interessante Rede mit Hinweisen auf das Stück selbst und warum es in den Spielplan des Theaters aufgenommen wurde.

- Welche Fragen würdet ihr als Schülergruppe dem Dramaturgen stellen?

Hinweis: Sollte eure Klasse im Zusammenhang mit der Arbeit an Dürrenmatts „Die Physiker" eine Aufführung besuchen, können diese Fragen sehr wertvoll sein.

Info 12 Friedrich Dürrenmatt – Werke

Zwischen 1943 u. 1945 Erzählungen und eine Komödie		
Es steht geschrieben	1947	Drama
Die Falle	1947	Erzählung
Pilatus	1947	Erzählung
Der Doppelgänger	1947	Hörspiel
Der Blinde	1947	Drama
Romulus der Große	1949	Komödie
Der Richter und sein Henker	1950	Kriminalroman
Der Verdacht	1951	Kriminalroman
Der Prozeß um des Esels Schatten	1951	Hörspiel
Der Hund	1951	Erzählung
Die Ehe des Herrn Mississippi	1952	Komödie
Die Stadt	1952	Prosastücke
Der Tunnel	1952	Erzählung
Stranitzky und der Nationalheld	1952	Hörspiel
Nächtliches Gespräch mit einem verachteten Menschen	1952	Hörspiel
Ein Engel kommt nach Babylon	1953	
Herkules und der Stall des Augias	1954	Hörspiel
Das Unternehmen der Wega	1954	Hörspiel
Grieche sucht Griechin	1955	Roman
Der Besuch der alten Dame	1955	Komödie
Die Panne	1956	Hörspiel
Abendstunde im Spätherbst	1956	Hörspiel
Vom Sinn der Dichtung in unserer Zeit	1956	Vortrag
Das Versprechen	1957	Roman
Mister X macht Ferien	1957	Erzählung
Frank V.	1958	Oper
Die Physiker	1961	Komödie
Die Heimat im Plakat	1963	Satire
Der Meteor	1965	Komödie
Die Wiedertäufer	1966	Komödie
Sätze aus Amerika	1969	Essay
Der Sturz	1971	Erzählung
Der Mitmacher	1972	Komödie
Die Frist	1975	Komödie
Der Mitmacher – Ein Komplex	1976	
Bilder und Zeichnungen	1978	
Dichterdämmerung	1980	Komödie
Nachgedanken	1980	
Stoffe. Zur Geschichte meiner Schriftstellerei I–III	1981	Autobiografie
Achterloo	1982	Komödie
Minotaurus	1984	Ballade
Justiz	1985	Roman
Versuche	1988	
Durcheinandertal	1989	
Turmbau. Stoffe IV–IX	1990	